气象万千城市指南：北京

荒野气象　著　　中国地图出版社　北京

胡同区与北京中央商务区

幸福三村五巷西口

什刹海

观夏（国子监）

建筑 SOHO

编者信 EDITOR'S LETTER   1

HUTONG RENEWAL
胡同更新

2

书店 Bookstores   42

RETAIL
零售空间

48

STAYCATION
城市度假

64

骑行 Cycling　　　　　　　　　　　　　　92

看展 Exhibitions　　　　　　　　　　　96

HIDDEN GEMS
宝藏角落

106

多一个爱北京的理由 ONE MORE REASON TO LOVE BEIJING　　128
收录导览 THE MOORCAST 100+　　　　　　　　　　　　134

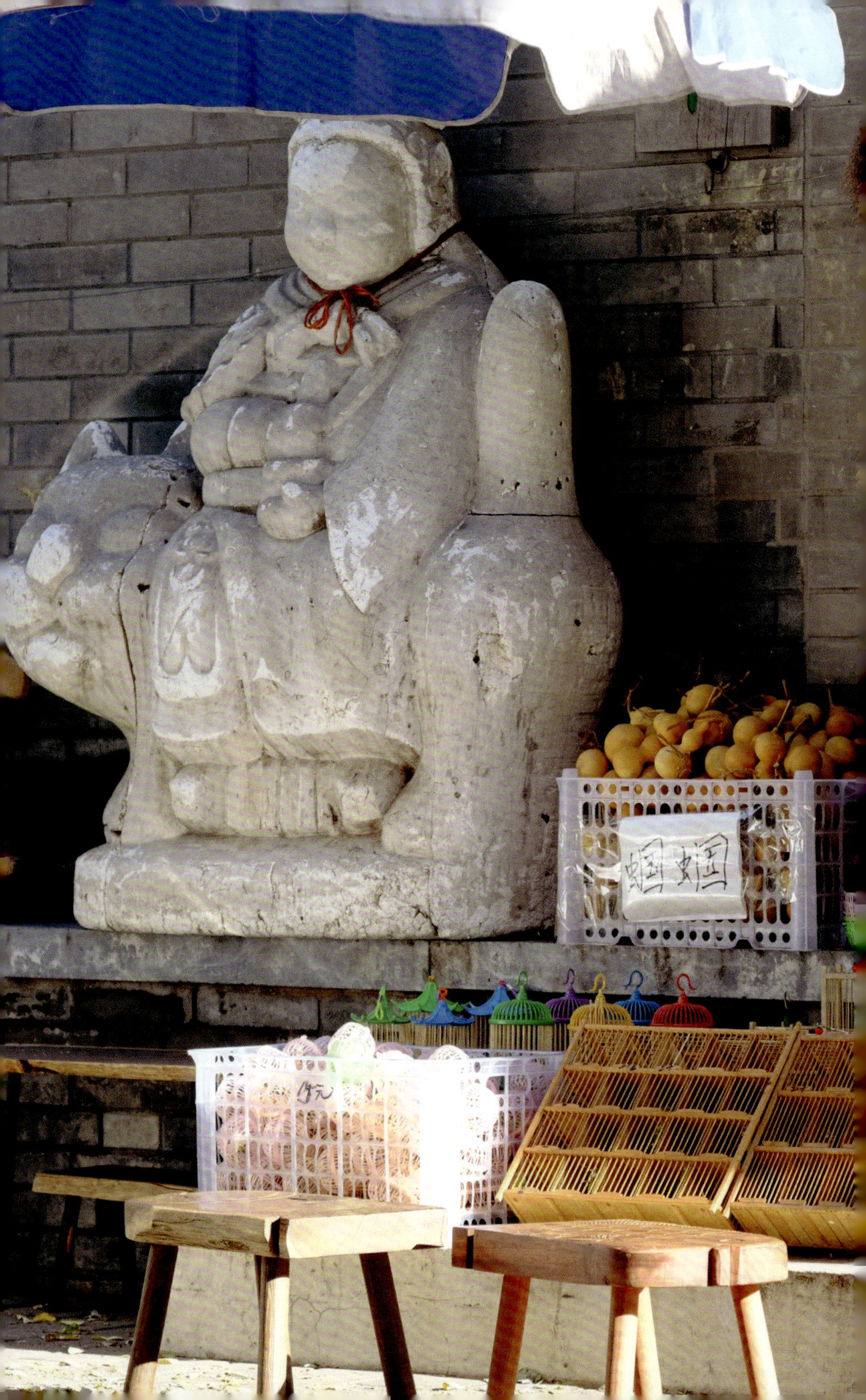
蝈蝈

EDITOR'S LETTER
编者信

成功举办过夏季奥运会和冬季奥运会的北京,城市容貌和基础设施建设发生了天翻地覆的变化。在举世闻名的名胜古迹之外,都市化进程为这座拥有三千多年历史的城市,注入了更多令人耳目一新的灵感。

但北京的更新不仅发生在宏大建筑和宽阔的街道两旁。要发现城市生活方式的变更和迭代,就需要暂时离开著名的商业街和大型商场,重新走进越来越多元的社区,走进槐树绿荫下的胡同,走进那些更细微的肌理和脉络中。

很容易理解为什么新一代的主理人会选择胡同区开始他们的第一次创业:分布着最有北京特色的建筑,相对友好的价格和较大的面积,以及越来越多的同行在此聚集。经过巧妙改造后的胡同建筑,常常成为社交网络上的明星;不断来往的市民和游客,同样促进了新式文化在不同社区之间的交流。

城市更新不仅体现在胡同之中。在城市居民众多的小区——理论上并不那么商业化的社区街道甚至年久失修的工厂园区,新式餐厅和酒吧也陆续开放,甚至扩张并深入中央商务区,吸引着年轻人重新涌入。

社交网络越来越发达,似乎每一家新店都能暴露在大众视野当中,但那些和理想有关的故事往往被忽略。

因此,这份全新的"气象万千城市指南",决定将更多的目光锁定在最新的实体空间,更关注城市更新的同时,也想让你听到主理人和创作者的声音。

我们将为你呈现影响当下新一代生活风格和审美的新去处。这一次,让我们来到更新的北京——基于城市度假(Staycation)这一理念,这份指南不仅包含北京胡同中的小店,还精选了那些被公园、美术馆、餐厅、书店围绕的酒店,甚至是隐秘的宝藏角落(Hidden Gems)。

这一切都是为了鼓励我们的读者不断发掘城市中的崭新细节,迎接更丰富、更有个性的城市生活。

HUTONG RENEWAL
胡同更新

胡同是北京独有的肌理。无论是作为传统的生息地,还是能够激发出崭新业态和创意设计的实验场,相比于任何新崛起的街区,胡同都更能体现出这座城市的个性:脆弱与顽强并存,原始与前沿对撞,粗粝与温柔相融。

没有一目了然的漂亮,更没有所见即所得,胡同里的种种乐趣是被藏着的,需要你付出努力去找寻。虽然设下了体验成本,但重返胡同仍然成为当下北京最值得积累的生活经验。将北京另一面里的紧张与匆忙全然忘却,享受悠闲与自在,这是身处胡同区的权利。

更重要的是,胡同没有一成不变。无论是咖啡馆、酒吧、书店,还是小型展览空间,在从未停止的更新浪潮中,我们将目光坚定地投向那些最近几年入驻这里的品牌与独立店铺。不仅因为这是种正在热烈发酵的商业趋势,更因为从某种程度上来说,走进胡同更新下的店铺是把握北京生活方式的便捷通道:关于在旧的基底上如何能生长出新的动人脉络。

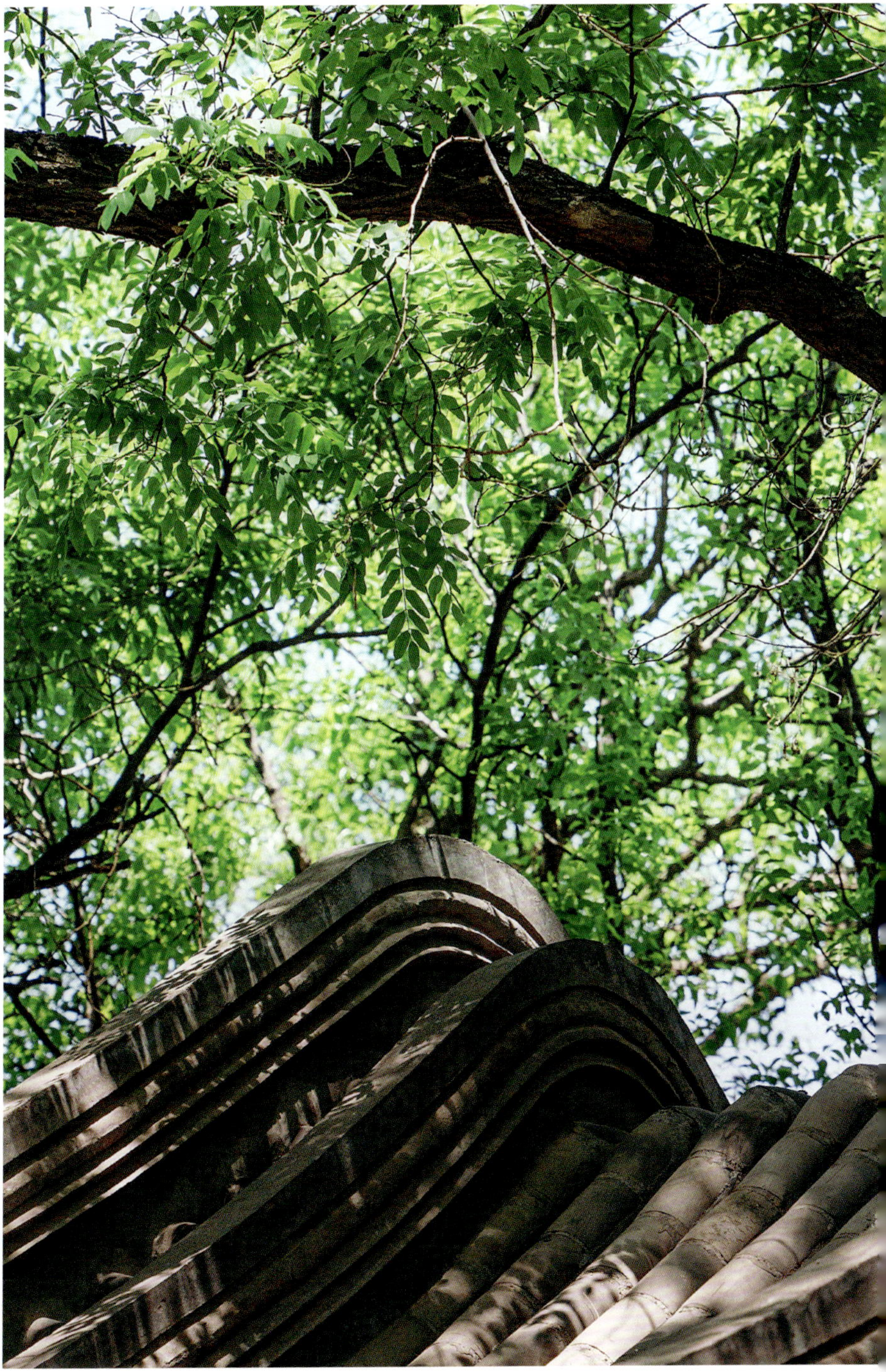

VOYAGE COFFEE

坐上一会都是治愈

你很难想象北京有这样一家咖啡馆：胡同深处、溪流水边、桃花树下，这里有杂志和咖啡，有水中游弋的野鸭和不知道从哪里传来的公鸡打鸣声。即便已经喝过无数次 VOYAGE COFFEE，三里河这家店的选址依旧让人不能不来。

其实早在 2018 年，春风习习杂志图书馆就已经悄悄开到了这里，从最开始的纯粹书店、不允许室内拍照到不断更换合作的咖啡品牌，最终与 VOYAGE COFFEE 一拍即合，接连成功合作了两家店铺（另一家是南锣鼓巷店），人气大增，这一切都颇有一种彼此成就的意味。除了门前的景色，这栋建筑本身还有两处值得玩味的小巧思，那就是分别面向两边胡同墙面上的细长开窗，刚好就在人视线所及的高度，可以让路过的行人从侧面窥见店内的场景，也让坐在室内的客人多了一重视角看向户外。

东城区长巷五条 19 号 3 幢 1 层

特别提示

还是要小心三里河公园里自在遛弯的公鸡，它们可是会啄人的。

CHOOCHOO

搭上开往春天的列车

CHOOCHOO 的入口是一个木质旋转门，门上大大的时钟仿佛在提醒你：赶快进站，别误了时间。"Choochoo——"正是火车鸣笛的声音。开一间豪华列车主题的咖啡厅，是主理人因地制宜的主意，这样可以将狭长的空间充分利用起来，也能给客人带来轻松适意的感觉。内饰细节也因此被迅速填充：弧形吊顶、车厢式的隔断、黄铜色的座签，还有吧台旁高高摞起的行李箱。

在 Ticket Office 点完单，你会收到一张车票，车票每周更换不同的颜色。除了精心挑选的耶加雪菲意式豆，还可以尝尝特调"富商没上车"——如果你还记得《东方快车谋杀案》的故事，请放心，令人紧张的凶案不会发生在这里，因为讨厌的富商根本没上车。

西城区韩家胡同 78-82 号

午馬 UMA Coffee & Wine

充满细腻心思的小地方

第一次步入其中时，你也许会注意到微水泥平面特别的颜色，但如果不与主理人盛尧交谈，可能很难发现缘由：这些水泥混入了从周边咖啡馆要来的咖啡渣，既是为了环保，也是为了得到现在自然的色彩。自然和粗糙的感觉是这家店特别钟爱的，墙面保留了原本墙体粗砺的质感，新建的钢架结构也没有被遮掩。

从门口到室内深处，有一块狭长的小花园，种着精心挑选的绿植，尽管光照受限，但充满了塑料植物所没有的生机。座椅看起来牺牲了一些舒适度，但与周围的环境融为一体，这是盛尧的朋友为这家店做的特别设计。店内提供十分诱人的巧克力大曲奇，还有与甜品师合作的日式西点，黑芝麻绢丝比想象中的口感更扎实。由于盛尧的慎重态度，基本款咖啡品质优秀，风味咖啡也稳扎稳打；夜幕降临后，这里的酒单以葡萄酒为主，并且会持续更新。

东城区灯市口大街 10 号楼一层底商 B-2

主理人盛尧：

"本职工作与设计相关，所以也在这家店里尽可能融入我喜欢的设计风格与细节。因为我属马，所以不仅取了这个店名，也特别为咖啡设计了小马拉花。"

沙沙冷萃园·胡同小驻

主打冷萃的新中式小楼

主理人海浪：
"制作冷萃的时间很长，这也给了它独特的风味，好东西是值得等的。"

藏在东四三条里的沙沙冷萃园几乎已经与这条胡同融为一体，来客需要先穿过胡同小门与窄廊才能抵达店门口。置身店内任一角落，都能感受到扑面而来的禅意：地板由叠列的瓦片铺成，木质吧台下摆有仿中药橱式的多斗柜，淙淙流水旁养着长势良好的绿竹，二楼露台的藤桌藤椅与碎石地面相映成趣。

店内设计与装潢全都由主理人海浪一手操办，她想为人们打造进店便可以立即休息的空间，来客能在幽静隔间内回归独处时光，也能在临窗榻榻米处与他人共享矮几与阳光，甚至能直接在楼梯上落座，店内也贴心地提供了便携式坐垫。从诸多有趣细节也能体会到主理人的小心思，比如每天来店的第一位顾客可以为门口挂历撕下旧页，很多绿植旁会挂着一张小卡片介绍基本信息。沙沙冷萃园主打冷萃，特调冷萃将果汁与咖啡融合，喝起来清新爽口。

东城区东四三条 16 号

⑤ 泠奇咖啡 CÉNCHI

慵懒柴犬与老练咖啡师

宠物友好

在咖啡店竞争最激烈的东四与南锣鼓巷，泠奇咖啡 CÉNCHI 开业后短时间内就获得了青睐。门口不惧生人的柴犬有不小的功劳，它叫豆瓣酱，是店铺社交网络上话题度最高的存在。店内整体是正方形格局，两边贴着墙壁设有座位，最内有两张桌子，靠近店门口处有一张大的方桌。

店中央是开放式的方形吧台区，咖啡师的操作都可以被看见，这拉近了与客人的距离，方便交流也更利于传达咖啡师的理念。门口还有一张长椅和几个坐垫，供来客在街头享用一杯咖啡。这是一家宠物友好的咖啡店，你也可以将宠物带进店内——在它和豆瓣酱不打架的情况下。

东城区东四南大街 114 号

⑥ 45 号狐山路咖啡

一杯咖啡好不好喝，关键还是看豆子

45 号狐山路咖啡是一家以咖啡豆为主题的咖啡馆，菜单上豆子种类的选择以及风味描述占据了视线的大部分，至于美式、拿铁还是手冲，都只是表现一款豆子风味的途径罢了。招牌之一的黑白配，也就是美式搭配拿铁的出品方式很少见，分别使用单份浓缩的同时减小杯量，让客人能够没有负担地品味同一款咖啡豆的两种演绎，更全面立体地感受豆子风味。建议从美式咖啡开始尝起，这样更能直接感受到豆子的原味。另外值得一试的还有水牛奶 Dirty，它没有冰博客口感上的厚重，又比普通鲜牛奶多了些原始的动物奶味，口感上达到了一种微妙的平衡。

❼
打招呼的人 Greet Caffee & Bar
进店就有机会被画上墙

在这里，拼配豆与单品豆也是平等的。常见的 SOE，即用单品豆做意式咖啡已经没什么特别，那么用拼配豆出品手冲咖啡又有什么不可以呢？毕竟好喝才是评价一款咖啡豆最重要的标准。

西城区杨梅竹斜街 85 号

打招呼的人 Greet Caffee & Bar 像是童话中会出现的那种魔法小屋：尖房顶、灰砖墙、印有彩色涂鸦的玻璃门……走入店内，木质的开放吧台与手作台给整个空间带来亲切的氛围。就连这里的手冲都名为"豆随缘"，每一款手冲豆都由主理人白小冬亲自挑选，如果当天豆子情况欠佳，他还会委婉地提供其他点单建议。进门左手边有一面巨大的推拉式落地窗，天气晴朗时，白小冬会打开窗户，让阳光直照进屋内。店内有很多"小心思"：随饮品附赠的不同手绘卡片、咖啡机上的贴纸、长座下的存包空间，以及随处可见的可爱插画。挂画上都是让白小冬印象深刻的顾客，他的目标是将画布填满。

东城区朝阳门内大街 195 号（朝内头条小区门口）

骑行友好

主理人白小冬：

"店名'打招呼的人'源自我很喜欢的一首诗：'打招呼的人总是两个，他们素未谋面，以后也不会再见。'这很好地隐喻了我们与大部分顾客仅有'一面之缘'的关系，我还会觉得举起刚手冲完的滤网像在用咖啡渣打招呼呢。"

Muse Coffee

出现在日常生活的背景中

Muse Coffee 作为小巧的窗口模式咖啡店，安静地待在街头。当你路过，可以随意点上一杯咖啡，和主理人 Luis 闲聊几句，就着树影用十来分钟把咖啡喝完，然后继续原本的行程。这扇与北京马路融为一体的窗口有着一目了然的"小而美"：保留了原有的京式红窗框，气温适宜时，还会摆满大大小小的绿植。菜单设置中除了品质稳定的基本款，也有无咖啡因饮品、手冲、基本每两周就更换的豆子和隐藏款，以及每月持续更新的 1—2 款特调。Luis 找朋友为每款特调设计了专属 logo，带有北京元素的"地安门东"和"百花深处"是常驻款，因为受欢迎还被做成了随行杯。

骑行友好

没有舒适的座位、空调和 Wi-Fi，Luis 努力将服务更细节化，冬天先递热水，夏天加快出餐速度，观察客人对于交流密度的需求，并尽可能记住他们的喜好。客群固定后，Luis 还在周末延长了营业时间，做几款调酒给大家喝。他希望未来窗口咖啡店能以点状散落在北京各个角落，落进每个咖啡爱好者的日常半径里。

东城区地安门东大街 57 号

主理人 Luis：

"窗口咖啡店虽然小，但可以近距离和客人接触，也因此收获了很多故事。以前一对头发花白的老夫妻每周末上午都会来喝拿铁，然后再慢悠悠地走去吃午饭，他们还是通过小红书找来的；还有个祖孙三代的四口之家也常来，夫妇会在隔壁便利店给儿子买好酸奶、给父亲买好果汁，然后给自己点咖啡，一家人时不时说笑，坐上一个钟头。"

33coffee

完美的临时工作室

33coffee 开在东四隆福寺街的知造局中，外表清朴，内部则充满现代感。店内空间宽敞，分上下两层，一层桌椅摆放随意却不凌乱，木地板搭配大量落地窗，自然采光充足；二层设有长桌与沙发，可供来客安心工作或学习。此外，二层露台区除桌椅外，还放有 33coffee 为流浪猫准备的食碗。饮品菜单定期更换，甜品种类则相对固定，除咖啡外，33coffee 还提供特调与酒精饮料，不仅外表美观，口感也足够新奇独特。同时，作为开在知造局里的咖啡馆，广阔空间赋予了 33coffee 更多可能性，此处会组织电影播放及展览等活动，也是单立人开放麦的固定场地之一。

东城区隆福寺街 33 号知造局

户外舒适

隆福 1402

老街里的新灵魂

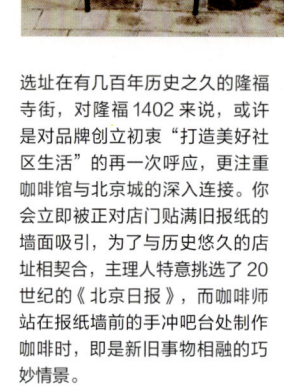

选址在有几百年历史之久的隆福寺街，对隆福 1402 来说，或许是对品牌创立初衷"打造美好社区生活"的再一次呼应，更注重咖啡馆与北京城的深入连接。你会立即被正对店门贴满旧报纸的墙面吸引，为了与历史悠久的店址相契合，主理人特意挑选了 20 世纪的《北京日报》，而咖啡师站在报纸墙前的手冲吧台处制作咖啡时，即是新旧事物相融的巧妙情景。

店内咖啡种类多样，主打的"花神冷萃"入口时有轻微果酸，回甘明显，饮用前需将咖啡液浇在玫瑰形冰块上；"水牛 Dirty"则将水牛奶与浓缩咖啡液最前端部分相结合，口感顺滑；特调里还有一款名字很美的"Sonnet 12"，取自莎士比亚十四行诗，有奶油香草的味道。搭配上一份贝果三明治，就能尽情享用胡同里的完美早餐。一楼窄廊处还置有摆放周边与瓷器的钢架，主理人在景德镇游玩时偶然淘到了这些出自民间艺术家之手的小众瓷器，为它们被埋没表示惋惜，于是在店内特辟了一处"买手架"。

东城区隆福寺街 23 号

特别提示

隆福 1402 特别设置了名为"光之山房"的自习空间，为有安静阅读与学习需求的人士打造，成为会员即可预约使用。

DARKROOM CAFE

胶片是咖啡的最佳伴侣

DARKROOM CAFE 除了咖啡还有各种胶片机。来自 Kentmere 和 ILFORD 的胶卷，其新品在上市前就会来到店里测评。厅堂里的一小片区域被划分为展区，欢迎胶友展出自己的作品。还有一个为墨尔本独立品牌 FILM NEVER DIE 开辟的陈列区。暗房师和摄影师都是咖啡因含量很高的职业，这里的咖啡师自然也就由主理人小郑担任。前厅的海报墙上挂着老相机的"族谱"和广告海报。这些海报没怎么展示相机的功能样貌，反而是人在画面中的比例占得很大，这是为了突出相机给生活带来的快乐。

另一位主理人小 E 给这家店的定位是玩胶卷的人在北京交流的一个地方，这家店的一切也都是为了让胶友抵达之后获得归属感而设置的。

西城区三井胡同 21 号

主理人小 E：

"一开始没有想做一家集合店的打算，是胶友的需求决定了店铺形态，很多东西网上都能买到，但这样的店才能满足社群的需求，喜欢拍胶卷你就来这儿。"

⑫ 派咖啡 π COFFEE SHOP

像白米饭一样的咖啡馆

有的店像是白米饭，说不清哪里好但就是每天都需要它。派咖啡 π COFFEE SHOP 就是这样，店名虽然叫作代表圆周率的 π，样子却是规矩小巧的正方形。两副门窗动线流畅，让人期待起夏天窗子支起后在绿油油的树下喝咖啡的场面。在这里，不需要费心考虑点哪款特调，经典的意式咖啡就已经足够。印满花朵的杯子厚实可爱，倒是和简洁直接的店面外观形成了反差。

记得临走时一定要点一杯外带，因为这里的外带杯值得体验——醋酸纸、米色硬卡纸与透明波纹杯套的组合，将 logo 虚虚实实、颇具层次感地体现在了小小的杯身上，一下子就和别家店的普通 logo 纸杯区别开来，让人忍不住握在手中端详。咖啡馆的用心是可以如此巧妙且细致的，它能够陪伴客人到更远的生活里去。

西城区茶马街第三街区数字经济产业园南门

⑬ Yoomo Cafe & Bar

背靠脱口秀舞台的复古空间

Yoomo Cafe & Bar 墨绿色的店面很吸引人，天气晴朗的时候，可以将面向街道的窗户打开，在窗台坐下，享受舒适的风。店里是十足的复古风格：深色的木质折叠椅和八角小桌，细瓷砖贴出的墙面，甚至冰咖啡的杯垫也有 20 世纪的花砖图案。还有许多猫头鹰的小雕像、专题杂志、肖像画……事实上，咖啡馆也是一个入口，通向猫头鹰喜剧旗下的 NEST 巢空间。2022 年，NEST 线下脱口秀剧场开放后，主理人希望对进门后的小空间加以利用，让平日里经过的人也能进来坐坐，这才有了咖啡馆。没有演出的时候，幽默的心思也被藏在了特调菜单里——主要是谐音梗。比如在咖啡醇香中浮现莓果酸甜的"莓开玩笑"，还有可以尝到西柚和金酒味道的"Yoo 见面了"。

东城区东四北大街 425 号

⑭ 一介野生 coffee

当你想喝点、玩点新鲜的

一介野生主打特调咖啡，每个季度都会推出新品；店内的风格也很混搭，整体偏日式。点单时试着多与咖啡师沟通，大胆说出你的喜好，就像在酒吧点酒一样，相信咖啡师给你的推荐。这里的饮品给你的参与感也很强，比如土阿伯的乡野，要捏住饼干的一角搅拌咖啡，让表面的香料与咖啡液充分混合，然后趁着饼干还没有变软时吃掉它，最后再喝咖啡。二层是一介野生的另一种样子——活动展览空间。2022 年他们联合 PTD 城市探索实验室打造了咖啡胡同漫游计划，带领大家拿上咖啡和地图，深度漫游杨梅竹附近的胡同地区；跨年时，他们还举办了摇摆舞会，以抽取扭蛋的形式分享故事。这里不仅是一家咖啡馆，更是一个寻找轻松生活方式的社交、活动空间。

西城区杨梅竹斜街 77 号

特别提示

如果咖啡师的心情足够好，或许给你创作一款带着小幽默的拉花，抓紧时间拍下来吧，泡沫可是不等人的。

⑮ 中古·蔷薇

谁会拒绝一家摆满鲜花的店

这家店就像它的名字一样，由中古与鲜花构成。"中古"既指店铺的整体风格，也是店内除咖啡与甜品外经营的生意；而鲜花就再直观不过，满眼满鼻、手边脚旁都是新鲜的花朵与绿植，甚至连每一款特调饮品都会搭配一朵鲜切花出品。穿过院子再往里走就是主理人居住的地方，工作与生活归于一处，充满了美好与甜蜜。墙上的版画旁贴着签名版的收藏证书，那些是主理人的个人藏品。店里还养了一只柴犬名叫大花，喜欢戴珍珠项链，但不喜欢被摸，只要给予她充分的尊重，她还会陪客人到门口，目送着大家 say goodbye。

西城区藏家桥胡同 4 号（地铁口附近 300 米）

15

為水

仿佛在老板家厨房喝咖啡

為水有着让人无法拒绝的门脸——灰瓦房檐、木质纹理和日系草编垫，以及玻璃窗透出的暖黄调灯光。每周二的店休日就是主理人的烘豆日，豆子会常常换新，因此没有纸质菜单，可以扫码看看上新款，或者直接聊出隐藏菜单。"温暖"是客人评价為水时最常用到的形容词：随意亲切的陈列宛如朋友家的厨房，熟客太多而散发出"小区咖啡馆"氛围，以及主理人会在研磨好豆子后自然地递过来让你闻一下干香……主理人希望这里不只是一间卖好咖啡的咖啡馆，还是个可以让人们喘息的温暖角落。

东城区西兴隆街 85 号

户外舒适

⑰
Mēr coffee

来客繁杂，根植社区

Mēr coffee 没有明显的招牌，他们标志性的设计是户外区，一块向店内凹进去的灰色空间。店内有 4 张小桌和一个吧台，横梁压得很低。Mēr coffee 在装潢时特意强化了横梁的存在感，原木在暖黄灯光的映衬下更显温馨。手冲的豆单丰富，也有非咖啡选项，如巧克力和柴拿铁。甜品有低糖低脂的南瓜派和提拉米苏。咖啡师对甜度的把控很严格，在点单时会仔细询问口味偏好并做出推荐。或许你会好奇 Mēr 是什么单词——因为两位主理人都属牛，所以把店名定成了 Mēr 这个拟声词，模拟牛发出的"哞"。

东城区东四四条甲 82-3 号

⑱
SALTY ICE PLUS cafe & bar
鼹鼠、法律和一种咸味人生

SALTY ICE PLUS cafe & bar 为日咖夜酒的咖啡店兼 bistro，之所以选中鼹鼠形象和咖啡店绑定，是因为这种动物昼出夜伏，视觉模糊，全靠嗅觉行动，刚好和店里日夜不歇的酒香和咖啡香很搭。店内空间很大，这在东四胡同区有些难得。除了日常营业，他们还想在此举办更多活动，这是店名中 PLUS 的含义。

相比于在传统咖啡店容易找到的甜味，这里更想提供的是不那么循规蹈矩的咸味人生。所以这里的特调，风味也都是咸的，路怒症、起床气、网络自诊焦虑……每一款的名字都是一个小小的坏毛病。酒单的设置就更特殊，因为主理人是法律行业出身，所以店内陈设和法律故事有关，酒的名字也使用了大量的法律谚语。

东城区东四北大街 210 号一层北侧

⑲
巷舍 BELLO CASA
光与味都在二重奏

"BELLO CASA" 是西班牙语词汇，意为"美丽的家"。临安定门内大街沿边而行，敞开着的窗户、门口顶部的鹅黄暖灯邀请着每一个过路人进来坐坐。店内灯光排列整齐，层层光晕在镜面中与原木质感的桌椅相融。红色调霓虹灯和镜中手写笔迹洋溢着热情、活泼，为空间留下了可遐想的余味。如果用音乐形容这种"余味"，应当是二重奏。除了提供经典咖啡，在售的风味特调像是开启春季转暖、阴天转晴的生活按钮。这也许与主理人曾作为调酒师的职业习惯相关，气泡水与咖啡基因在杯中对撞，特色冷萃中的当季水果风味绵延而出。到了夜晚，点亮暖黄色的灯与蜡烛，巷舍 BELLO CASA 变身为小酒馆，提供清新的鸡尾酒单和简餐。

东城区安定门内大街 169 号

⑳
VESPA COFFEE
像是用来招待朋友

Vespa 是来自意大利的复古摩托车品牌，不过店内没有陈列摩托车，"Vespa" 主要体现在贴纸和装饰上。名字听起来像是个有门槛的地方，但其实 VESPA COFFEE 很亲切。这里最初是个小店面，只有可以对坐的一张长桌和吧台，后来和隔壁的餐吧共享了空间，来客有了更多座位选择。红色滤杯、黄色咖啡机和蓝色操作台，一切都像是为了招待朋友而在自家"车库"中打造的一间咖啡屋。店内饮品非常丰富：手冲、浓缩、特调，还有无咖啡因饮品。不必主动要求，每份咖啡都会标配清口白水和焦糖饼干，咬一口饼干再喝一口咖啡，焦糖混合咖啡的香气让人满足。

朝阳区六里屯东里 81-2 号

㉑ 耀咖啡

望得见白塔，闻得到药香

鼻腔内的气体会从药味逐渐变为咖啡香气。味道虽然变了，但"药"这个主题却依然没有结束，比如菜单上的养生特饮、吧台墙面特别设计的药格子，还有户外区域滚动播放的"名医推荐"。耀咖啡与药房像是盘根错节的两棵树，在这里紧密地长到了一起。店内的 Dirty 会根据季节更换口味，冬季是芋头，春天是桃子。柿子拿铁没有想象中的甜腻，还能咀嚼出柿子肉原本咯吱咯吱的口感。甜品最令人惊喜，传统点心铺富华斋在此独家恢复供应葡萄酥饼，轻薄松软的白酥皮包裹着酸甜的新疆大马奶葡萄干，再搭配一杯咖啡再合适不过。

西城区阜成门内大街 165 号

特别提示

宽敞的露台拥有欣赏白塔寺的极佳视角，但是要先在吧台点好外带单，然后乘坐电梯到达药店二层，再步行至三层。

19

22
FeelCoffee
当北京老胡同遇上"美式复古"风

藏在金宝汇后的红星胡同正逐渐更新成年轻人爱去的地方,而坐落其中的FeelCoffee显然为这场更新贡献了一份力。路过此处的人很难不被FeelCoffee的门头吸引,黑色底板、橙色霓虹灯与花体字巧妙结合,营造出简约又时尚的"美式复古"风格。步入店内,更能感受到FeelCoffee对"美式复古"的执着:咖色木质桌椅搭配墨绿色墙围,地面铺有绿白相间的马赛克瓷砖,天花板上还吊着仿工业风的铁艺电灯。店内特意致力于将传统咖啡与各式新奇味觉体验相结合,比如主打款"喜欢柠来"便将冷萃咖啡与木姜子液、蜂蜜和柠檬汁混合,口感清爽怡人,很适合午休期间前来放松的上班族。

骑行友好

东城区红星胡同甲 14 号迤西 HX-3

23
COMEDY SHOP
和猫一起晒太阳

COMEDY SHOP 位于杨梅竹斜街和琉璃厂东街的交叉口,是一家阳光充沛的惬意小店。店内提供多种手冲咖啡豆和以著名喜剧命名的季节特调(如"第十二夜"和"仲夏夜之梦"),还有用心的室内布置:一楼墙壁上是定期更换的小型展览,以摄影作品为主,与之呼应的则是用曝光过的胶片做成的桌牌;二楼的书架上则摆着各种小众出版物。通过窄窄的楼梯登上二楼,推开门走上露台,可以见到更多惊喜:胡同里来来往往的人群,对面房顶上晒太阳的猫咪,以及头顶上来来回回的飞鸟。

西城区杨梅竹斜街 131 号

24
蝉兮咖啡 CICADA
咖啡底味是植物香气

虽然大门玻璃上贴着"请从右侧上二楼咖啡厅"的告示,但直接走花店正中央的旋转梯上楼也不会被阻拦。这是一个在胡同里的合作空间,两家一起开店,花和咖啡出现在同一座建筑里。咖啡店内也遍布植物,花店的商品成了二楼的陈列,错落但有序。吧台上展示着蝉兮咖啡的招牌:酒香豆和埃塞俄比亚古吉豆。他们提供手冲,每季度还会更换特调。蝉兮咖啡四周有不少民居,许多住户在这里处理工作。店员大部分时间在帘子后的里间内忙碌,端上咖啡时却不会忘记问候一句,路过时也会期待你的评价:"咖啡怎么样啊?"好像是你的街坊邻居。

东城区东四北大街 526 号 2 层

三忘湖 SWANSEEN

想让人忘记烦恼的地方

扎在牛街一带的胡同里,三忘湖 SWANSEEN 牛街店的店面由白色砂砾石构成,在一片灰瓦中带着低调的醒目感。坐在门前的小庭院里感觉很舒适,主理人特别在此种下一棵红枫树。沿着旋转楼梯去往二层的宽阔露台,还有一大一小两座"罗密欧阳台"。在此一边饮咖或小酌,一边站着看会儿胡同夏季的浓郁绿意,确实如主理人所愿,可以让人暂时忘记烦恼。

简餐菜单里能看见让人眼前一亮的芝士烤羊腿肉热压三明治,想到店家的地理位置又觉得一切都很合理。饮品单上还出现了并不那么常见的石榴汁,这也是对所在街区历史的一种回应:早前,牛街的居民曾在这里种下了很多石榴树。

西城区教子胡同28号2幢

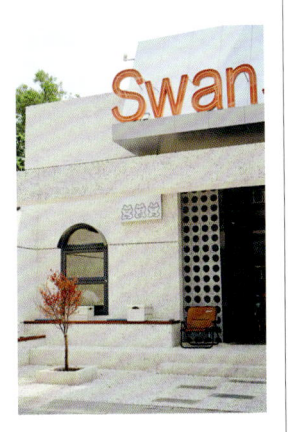

Fenzi coffee shop

"早C晚A"爱好者的福音地

Fenzi coffee shop 虽然是一家小店,却有着让人忍不住多瞧一眼的门头,熟客会直接从窗外要一杯咖啡,站着喝上一刻钟。室内空间是经典的"早C晚A"式布局:进门后,先是咖啡区,木质桌椅与书架营造出温馨氛围;深处则是小型酒吧,大理石吧台与纯黑高脚凳搭配,充满现代感。酒精饮料只在下午及晚上提供,咖啡、果茶、甜品等则不限时。推荐这里的春夏拼配手冲爱尔兰咖啡与甜品奶油南瓜挞:爱尔兰咖啡将自制香草糖浆与奶油融合,口感绵密醇厚;南瓜挞甜度适中,馅料丰富,挞皮酥脆。

东城区安定门内大街64号

㉗ OONAGH Coffee & Bar

胡同里的角马与羚鹿

这是一家用北京传统胡同建筑包裹美式复古风格内核的咖啡馆，主理人特别邀请中央美院的研究生一同参与空间设计，最大程度保留了屋顶原始结构，几乎一砖一瓦都没有动过，使其外表看上去依旧与整条胡同融为一体，而客座区墙上不容忽视的角马与羚鹿标本，还有深色的皮质环形沙发，则代表了室内软装强烈的美式复古风格。

户外舒适

店内的法式甜品均为自烘焙，考虑到不是所有人都能接受白砂糖，所以一律使用代糖。尤其是提拉米苏，用主理人自己的话说就是"采用了正儿八经的意大利配方"——朗姆酒浸手指饼干加上进口的奶油、奶酪，甜而不腻。从云南、印尼再到非洲，手冲咖啡豆单涵盖各个产区与处理法，并且时常更换。除此之外，店内还备有可单杯或整瓶购买的红、白葡萄酒，以及京A玩罐系列精酿啤酒。

西城区烂漫胡同95号（地铁口附近500米）

28

Cafe by Alba

红绿对撞出的复古感

老店新开的 Cafe by Alba，一改之前的白色系，重选为红绿对撞的配色。无论是玻璃灯具、编织座椅、咖啡师衬衫上的胸针，还是仿佛正在啄咖啡豆的金色小鸟，都透露出这家店对复古风的运用延伸到了细节之处。特调的法式重巧摩卡，因加入手熬的巧克力酱而格外浓郁；基本款的咖啡，配上法式瓷杯和格外精致的拉花，和冒出频率很高的西语、法语歌一起，让人暂时忘记了店外鼓楼大街的北京味儿。

别错过 Cafe by Alba 的露台，有着这一带难得的宽阔。重开前，可以点到高性价比的 brunch 与轻食，现在 Cafe by Alba 则不提供法式甜点以外的餐食。但就在同条街上，同一个主理人经营的 Tapas by Alba 主打西班牙菜系，喝完咖啡散步去吃很方便。

东城区鼓楼东大街 70 号

23

① VOYAGE COFFEE 
② CHOOCHOO 
③ 午馬 UMA Coffee & Wine 
④ 沙沙冷萃园·胡同小驻 
⑤ 泠奇咖啡 CÉNCHI 
⑥ 45号狐山路咖啡

⑦ 打招呼的人 Greet Caffee & Bar 
⑧ Muse Coffee 
⑨ 33coffee 
⑩ 隆福 1402 
⑪ DARKROOM CAFE 
⑫ 派咖啡 π COFFEE SHOP

⑬ Yoomo Cafe & Bar 
⑭ 一介野生 coffee 
⑮ 中古·蔷薇 
⑯ 為水 
⑰ Mēr coffee 
⑱ SALTY ICE PLUS cafe & bar

⑲ 巷舍 BELLO CASA 
⑳ VESPA COFFEE 
㉑ 耀咖啡 
㉒ FeelCoffee 
㉓ COMEDY SHOP

㉔ 蝉兮咖啡 CICADA
㉕ 三忘湖 SWANSEEN 
㉖ Fenzi coffee shop 
㉗ OONAGH Coffee & Bar 
㉘ Cafe by Alba 

24

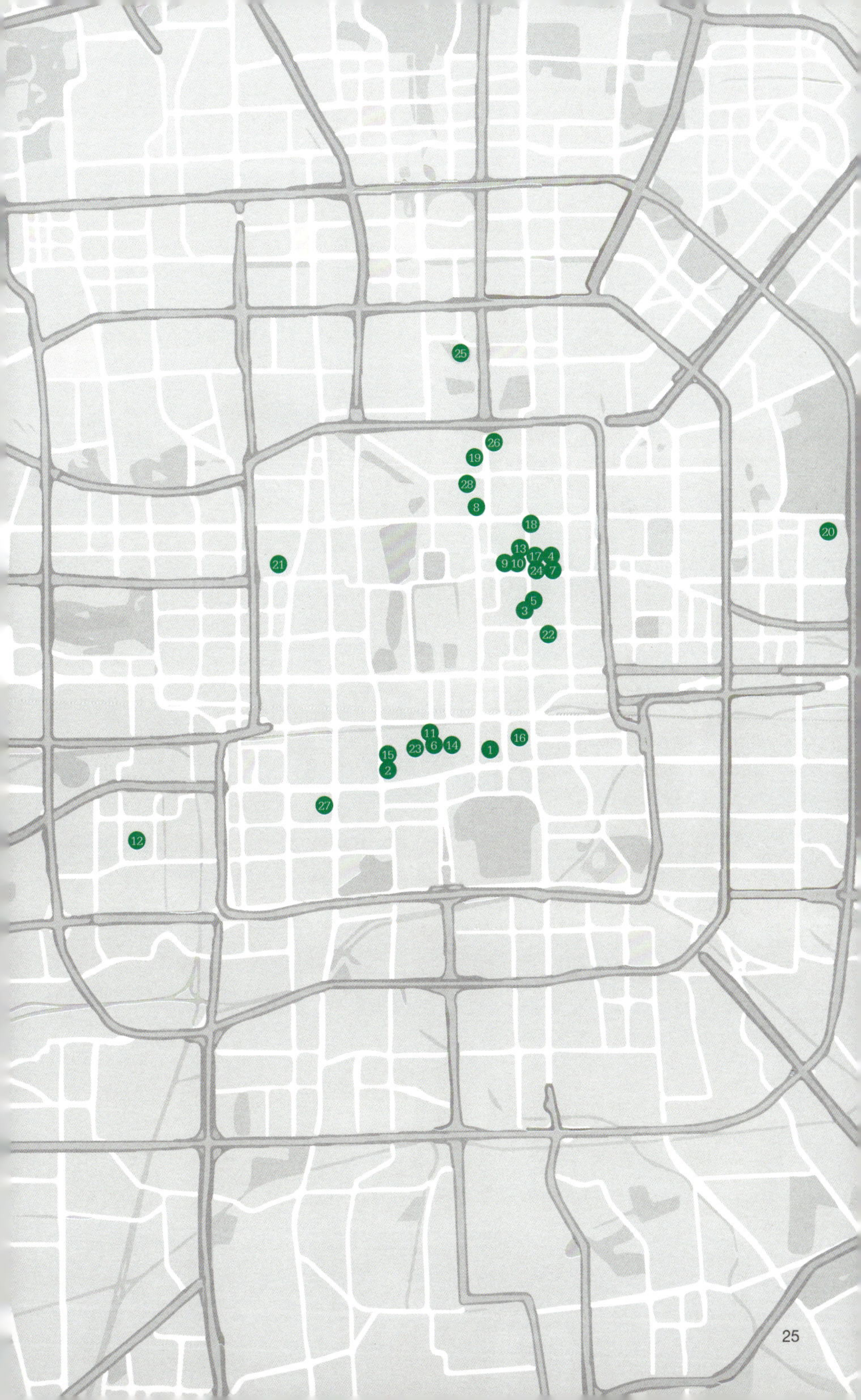
25
26
19
28
8
18
13
9
10
17
4
24
7
21
20
5
3
22
11
16
23
6
14
1
15
2
27
12

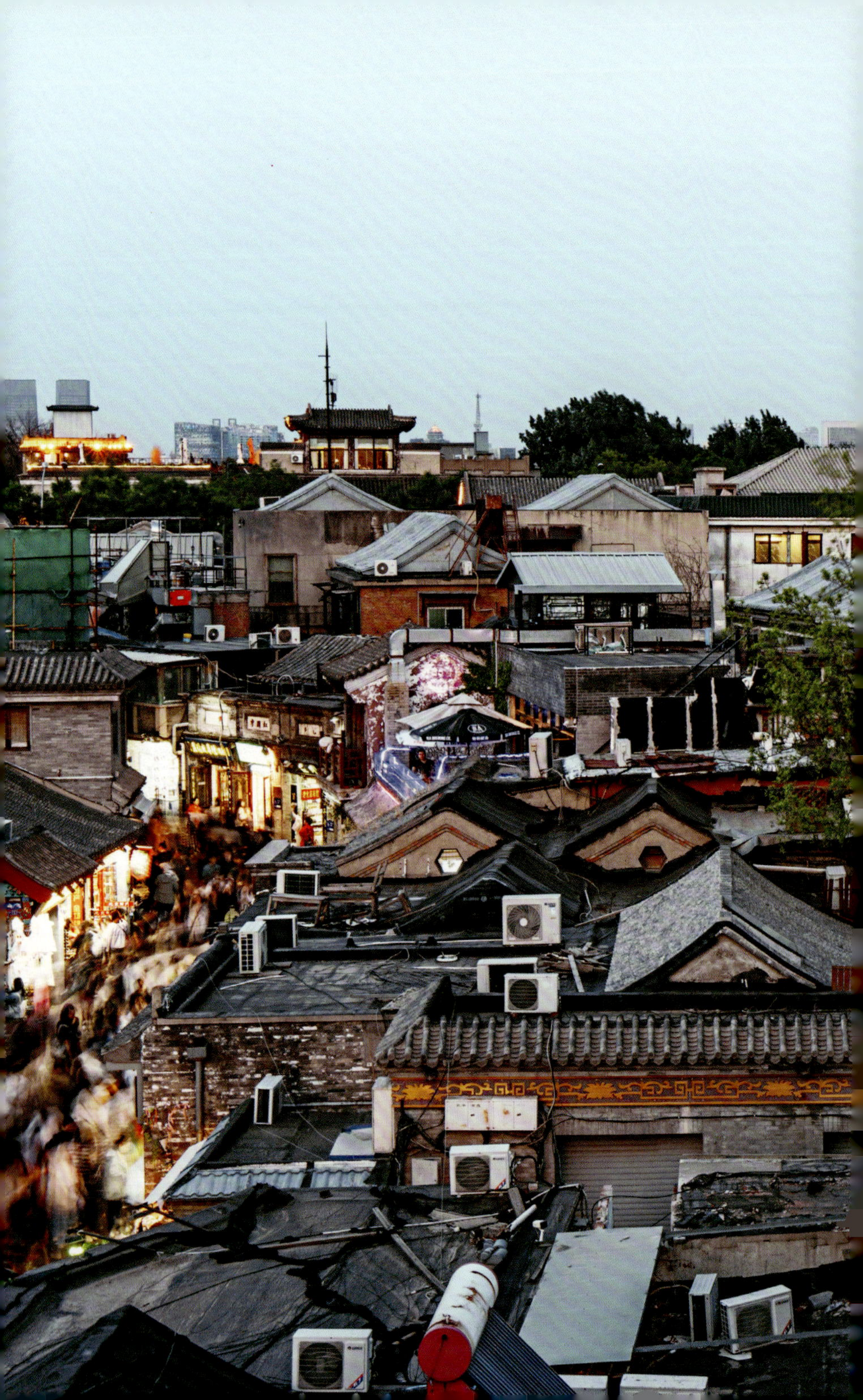

烟袋斜街

OBST ZIMMER BY MMC

不流于表面的德式风味

潘通 303 蓝（Pantone 303）和勃艮第红（Bordeauxrot）的主色调、开放式的一体化吧台和德国表现主义风格的流线型设计，将 MMC 的空间复刻成了一个 20 世纪后半叶的德国酒馆。推开铁锈红大门的客人能在这个空间中感受到许多经得起推敲的设计元素，混合了青金石的水磨石桌面和地面，细节是不会被忽略的，贝壳状的酒架则包含主理人对航海的记忆与情结。而能获得众多喝酒老饕和国外酒客的认可，一个重要原因是水果屋对新鲜水果恰到好处的使用，调酒师将每日更新的当季水果风味融入一杯杯新鲜特调里，新鲜与芳香，是 MMC 在扎实的调酒功底以外的闪光点。

主理人 Eric：

"德国的好酒不只是啤酒，德国美食也不只有猪肘子和香肠，我们希望做一些更深入本地的东西，比如我们的比萨。德国风格为什么会有意式比萨？因为 20 世纪 50 年代意大利和土耳其的外籍劳工（gastarbeiter）来到德国，当地美食也一起被带过来，我们还有很多少见的来自奥地利和德国的基酒，希望 MMC 可以消除你心里关于德式的预设。"

北京孩子

扑面而来的"京味儿"

沿着喧闹的南锣鼓巷走,折进沙井胡同的聚恩园内,与坐落其中的"北京孩子"打个招呼吧,这是一家扎根北京的精酿啤酒馆。从满是"儿"字的菜单中即能感受到店内十足的京味:"豆汁儿灯儿剃"是用老北京传统豆汁制做的 Dirty 咖啡,光看名字就已足够吸引人;"无敌大红果儿"是山楂味精酿啤酒,口感酸甜清爽。店内布局有序,进门正对点单吧台,左手边落座区既有临窗位,也有靠墙长椅,小木桌造型独特,是店铺 logo——寸头方脸小人的形状。天气好时,也可以到室外小院闲坐,听风吹竹叶声。

MMC 的餐食是一个亮点,比如比萨,素食爱好者可以选择茄子和芝麻菜,肉食爱好者可以选择火腿、香肠和溏心鸡蛋。在酒和食物上,不论是否有个人偏好都可大胆请店内工作人员推荐,一般不会失望。

东城区交道口南大街 140

主理人常小亮是地道的"北京孩子",也是画家兼自媒体博主,店内专辟了一面墙摆放他创作的周边,最引人注目的是印有北京地名和俗语的不同色袜子。如果正巧遇到他,不妨大胆上前搭话,或许会收获一段亲切又风趣的京腔问候。

东城区南锣鼓巷沙井胡同 11 号聚恩园内

特别提示

下午阳光会洒进小院,留下美丽的树影,虽然不是理想的饮酒时间,但小酌一杯也很舒适。

NOLIE Taproom
演出场地旁的精酿酒吧

NOLIE 的英文直译是"没有谎言",店铺与北京知名 livehouse 乐空间开在同一园区内,不少乐队成员在演出结束后选择来这里喝上一杯。以进门处墙上的背光标语"You Never Drink Alone"为视觉中心,内部以大量音乐元素和部分足球元素作为装饰。进入空间后回头向上能看到德国金属音乐节 Wacken Open Air 的纪念围巾,左侧则是不同乐队的周边产品与收集到的早期中国音乐杂志《我爱摇滚乐》《重型音乐》。酒水以鲜啤为主,这在店名 Taproom 中已经有了提示。在常规的小麦和 IPA 以外,还有部分相当有创造力的酒水提供,如"红豆沙牛乳酸波特"和"咖啡白刺果红色 IPA"等。

东城区板桥南巷 7 号人民美术印刷厂内东北角

盲区 Space & Bar
让有趣事件发生的实验空间

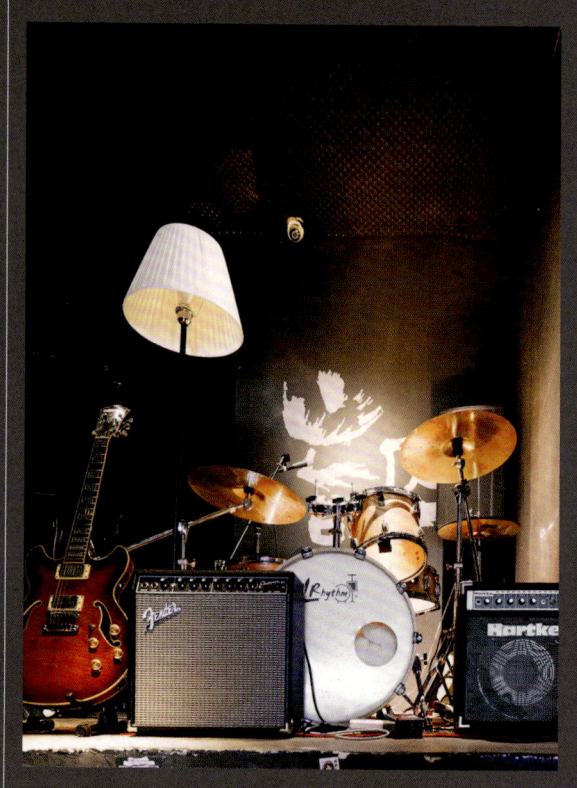

盲区是个酒吧,但更重要的属性是空间,所以店名中的 Space 被放置在 Bar 之前。作为空间,这里会利用店内的一面墙不定时举办小型展览,同时在正面设置舞台以举办乐手 jam 和小型乐队的演出,这些时候小屋里会挤满有趣的人。盲区以合作社的方式经营,共有来自三支乐队的三位经营者,分别是丢莱卡的主唱涂俊南、赛吉来信的主唱烧飞和小王的主唱月兔。他们有相同的股权和话语权,所有关于酒吧的事务都需要三位主理人达成一致,平等是主题,不论对老板、客人还是任何人来说。

主理人月兔：

"我们对盲区的设想是发起一个承载有趣事情发生的空间，盲区空间的活动和布置就是对每个人的自我介绍，比如桌子上的贴纸写着'拒绝就是拒绝，只有清醒的接受才是接受'。靠墙的柜子放了我们喜欢的书、播放的音乐之类的。总之还是一个以我们和朋友们的兴趣为基础搭建的空间，当然也希望吸引更多人，这里可能需要一点缘分。"

盲区还与Jin's Coffee合作，咖啡店中午开始营业，主理人金鑫是圈儿踢乐队的贝斯手。在咖啡菜单上除了常规的美式、拿铁等经典咖啡以外，也会有手冲咖啡和特调，豆子经常更新所以并不出现在菜单上。除此以外每周也会不定期提供手工制作的各类蛋糕，搭配的鲜果随时令变化，客人经常点一角蛋糕搭配咖啡坐在户外，看鼓楼东大街来来往往的人。

酒头平时会提供八种左右的鲜啤，鸡尾酒同样在酒单上。盲区为鸡尾酒起名字的方式有些可爱，比如"威士忌酸酸"（Super Whisky Sour）和"我不知道诶"（I Don't Know eiy），"东城茶"（Dongcheng Tea）则是长岛冰茶的加强版，加强到除了酒精以外几乎没有其他液体，不建议轻易尝试。

东城区鼓楼东大街16号

跳海

一栋建筑的三种形态

跳海（安定门店）和 Non-Binary（非二进制）在同一栋建筑内。一楼的跳海可以满足许多人对于当下流行的生活方式的需求。这里是一家骑行友好店铺，并不只停留在字面意义上，店门口宽阔的公用空间可以停放自行车，同时这里也是一家宠物友好店铺，宠物可以进店一起玩耍。店内整体环境相对复古，比如墙上挂着的 SG 型吉他，上面倒置别着一个"醉"字，像春节时贴的中国福。在酒水的设置上，相对于二楼这里更传统，主要以酒头接打鲜啤为主，酒头数量较多，可同时提供 12 种不同种类的鲜啤。

二楼的 Non-Binary（非二进制）则有意营造了更多冲突，这里像做科学实验一样对很多香料或其他原料进行萃取，把理性严谨的萃取过程与相对浪漫的饮酒放置在一起。店内地面装饰以复古感极强的花砖，而花砖之上则是不锈钢操作台和随时都在工作的真空旋转蒸馏仪——Non-Binary（非二进制）会测试不同材料在各个温度下的风味，从中挑选他们认为最合适的一个。店内提供的酒水，诸如胡萝卜可尔必思、烤鸭风味鸡尾酒等，绝不可能在其他地方喝到。

同在二楼的还有一家古着店 Libertango Vintage，其手工绘制的门头 logo 是很多人的记忆点，店内有一半空间无墙体，而是由金属框架和玻璃构成，金属框架被涂上甜美的绿色，与这里的服装和装饰风格匹配，图案复古、色彩明亮的各类裙装被挂在最显眼的位置。

东城区安定门内大街 268 号

㉞ 角巷 Alley Diagon

停车场的角落提供趣味鸡尾酒

角巷 Alley Diagon 在一个停车场的角落，门口堆放了用酒瓶和灯带改造成的"草丛"，"草丛"摆放的灯牌上写着营业中。店内空间亮度极低，当然这对酒吧来说并不是贬义词，一楼有长吧台和与吧台对应的一排沙发与方凳，二楼的空间则保留建筑原始的尖顶，设置了可以容纳更多人的座位区。酒水以鸡尾酒和威士忌纯饮为主，鸡尾酒创意类如四九城（Ancient Peking）以北京街边饮食文化为灵感，加入了酸梅汤、酸奶，还有一根冰糖葫芦作为点缀，也提供常规鸡尾酒如古典、金汤力，佐酒小食则有萨拉米火腿、去骨凤爪等，整体品类相当丰富。

东城区分司厅胡同甲 11 号

㉟ 没事喝点 c.a company

社区内的精品酒吧

使用旧黄化门粮店建筑改造而成的没事喝点 c.a company 是社区感更强的店铺，路过时甚至看不到任何关于酒吧名字的字样，只能看到原始建筑的巨大招牌。所以这里的客人大多是附近居民，或是偶然路过进入店内被酒水或环境吸引后成为常客的人。店内空间并不算大，左侧长条形吧台对面是长条沙发和桌椅，设置了一个单独隔间，墙体不规则地使用了透明玻璃砖。酒单前半部分还写了鸡尾酒风味，后半部分则干脆只有名字，比如名为"要否"的鸡尾酒，就再没任何其他介绍，可以盲点或是询问调酒师。这里有一间非常干净整洁且有设计感的厕所，是胡同店铺中不多见的，也是主理人在店铺规划之初就设想了一定要有的部分。

东城区黄化门胡同甲 2 号

33

发发 fafa#

"北京沙滩"上的地中海风味

"北京没有海,但发发在的地方叫沙滩后街",这是主理人黑麦开的一个玩笑,这家中西融合的 bistro 主打亚洲 – 地中海菜系。为了增添一些和海有关的气息,发发 fafa# 还特别在门口打造了一个观赏用途的"浴室"。

到了菜品研发的时候,许多食材在北京难以获得,"没有海"的问题在主厨檬檬这里就不是那么好解决,她的做法是加入中国的食材和调味方式,因为好的餐厅不会"过于依赖供应链"。于是她创作出了和擂椒搭配在一起的海鲜,让食客们把腐乳当作三文鱼的酱汁,或者在巴斯克和提拉米苏的结合体里尝到一口东北大酱……

菜单也能提供足够多的惊喜——侍者会递上一本书,这是从主理人自己家里带来的书籍,菜单就夹在其间,每一道菜的名字都很俏皮,比如"法式田鸡腿带点儿咱们的辣椒""我是一只小青龙海鲜饭"和"boring 但 refreshing 的沙滩沙拉",英文菜名间还穿插着各式 emoji。

东城区沙滩后街 17 号

特别提示

主厨推荐:
腐乳三文鱼、擂椒海鲜

主理人选酒原则:
好喝、酒标好看、足够多的小产区

主理人推荐搭配:
Jura 产区的长相思,清爽纯净,和擂椒海鲜非常搭;腐乳三文鱼,配过桶的霞多丽特别和谐。

㊲ 哦了 Ori Sake & Food
开到深夜的川味素食清酒馆

川菜和日本清酒的碰撞，最初源自主理人樊雨丝和大董的个人爱好，来自四川的樊雨丝习惯在吃麻辣川菜时搭配带着米香的清酒来解辣，这种融合在餐厅的实践中被越来越多的食客喜爱。菜单简洁，正反两面，一如这家素食酒馆带给人的清爽感觉一样。店内每件中古家具都是不一样的款式，每把椅子都由家具设计专业出身的主理人挑选，与金属灯饰和墙上的摄影作品匹配。

店名 Ori Sake 是一种带有沉淀物的浓稠清酒，而菜单上的甜品米布丁也将这种清酒中酸奶般的质地充分展现。菜品不多，时蔬和面食的搭配恰到好处，食客们不必纠结太久，即使尝遍招牌菜也不会觉得过于厚重。主理人会热心地为每一桌客人介绍店内的清酒，上甜水面时会嘱咐客人趁热搅拌食用，让食客们很难不产生归属感。

东城区交道口南大街 47 号

特别提示
如果还有那款红白格子的智惠美人浑浊米酒可以喝，请务必尝试。

㊳ 姆们 M Sweetie Cake
藏在胡同里的甜蜜

如果不是白色的灯箱提示，很容易错过胡同里不起眼的门脸，这是姆们 M Sweetie Cake 在北京的第五家店，也是最有特色的一家。走入门内，左边是吧台，右边则是三进不同风格的空间：深色的现代感桌椅为好友小聚提供舒适的环境；露天小院儿里有质朴的竹椅和石砖地面；再往里走，还有一个明亮温馨的办公区。沿着扶梯走上露台，可以看见白塔的塔尖，还有在屋顶晒太阳的猫咪们。这里的招牌是品种繁多的手作蛋糕，尤其是胡萝卜蛋糕，坚果与芝士的香气融合得十分美妙。"姆们"在老北京口语中是"咱"的意思，尽管今天已经不常使用，但还是能给人带来一种亲切感，就像这个与胡同融为一体的小店。

西城区宫门口头条 3 号

景观最佳

39

笑餐厅 the diner

景观最佳

开放且融合的胡同餐厅

在安定门内大街只能看到笑餐厅 the diner 小小的玻璃窗，但从谢家胡同的餐厅正门走进去会发现内部空间设计有序且并不狭小。餐厅同时提供菜品和面包，每一位客人都会最先吃到的餐前面包由店铺自家烘焙，面包餐台就在进门右手边，花椒黄油、柠檬酱油黄油、龙眼蜂蜜马斯卡彭……店家尝试了许多相当有创造力的做法。厨师就在同一空间的开放式厨房内制作菜品，西式 brunch 与本地元素难得的并无隔阂，些许泰式风格的柠檬虾是很合适的前菜，品尝烤制的鸭胸肉搭配梨蓉、葱姜炸鸡和牛排时，店家也会在提供刀叉的同时提供筷子，就像他们在关于餐厅的介绍中所写的“生在北京就是北京的菜，哪怕它的起源横跨了所有大陆”。

二楼的露台很宽敞，天气舒适的夜晚在这里就餐，想必会带来更多欢笑，那也是这家餐厅的主题。

东城区安定门内大街 159 号

特别提示

不要被名字迷惑，就算没有到店就餐的计划，也可以外带几个刚刚出炉的经典款面包。

40

bingoo bakery

开满玫瑰的手作西点小店

作为一家手作西点店，bingoo bakery 的外墙布满红玫瑰，有时也会在门口出售鲜花。进店便会被浓郁的黄油香味包裹。爵士乐和暖黄的灯光，不规则的水泥墙和木质储物柜上用木箱与编制篮装着新鲜出炉的饼干和糕点，柜台的玻璃柜里堆放着奥利奥、蔓越莓等各种口味的司康。“A piece of homemade biscuit”和“不甜”都是摆放在店里的座右铭。单个售卖的手作饼干用料很足，且绝不会过分甜腻。店铺的包装纸袋设计用心，随着时令和节日的变化，店内还会推出不同种类的伴手礼盒（比如兔年饼干礼盒和圣诞礼盒）。对于这里的客人来说，比起下午茶的仪式感，bingoo bakery 提供的满足童年幻想的香甜小空间更胜一筹。

东城区西兴隆街 104 号

㊶ CHOC-A-LOT

嗜甜者天堂

CHOC-A-LOT 位于金宝汇背后的红星胡同，主营甜品与咖啡。这里采用"前店后厨"的模式，整体空间呈长方形。来店顾客以外带为主，店内也有 3 张小桌可供堂食。CHOC-A-LOT 同时提供超过 50 种甜品，其中各种口味的曲奇能占到一半左右。英式蓝莓司康和粘粘胡桃肉桂卷是店员最常推荐的招牌甜品，新鲜出炉时格外诱人。值得一提的是，CHOC-A-LOT 的肉桂卷用料很足，人们站在店内即能闻到浓郁的肉桂香气。CHOC-A-LOT 也提供饮品，有咖啡、热巧、冻可可、气泡饮等多种选择，其中，烤棉花棒棒糖是不少人的最爱，烤至表面金黄的棉花糖配上浓郁热可可，外表可爱，口感丝滑，很适合嗜甜者。

东城区红星胡同乙 14 号

㊷ 红星前进面包牛奶公司

吃现烤面包，喝新鲜牛奶

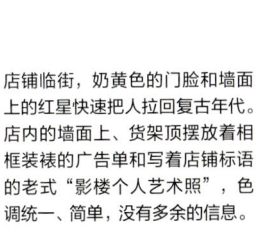

店铺临街，奶黄色的门脸和墙面上的红星快速把人拉回复古年代。店内的墙面上、货架顶摆放着相框装裱的广告单和写着店铺标语的老式"影楼个人艺术照"，色调统一、简单，没有多余的信息。

这家店制作吐司时不添加饮用水，而全部由牛奶代替。占满两排货架的"今日柜"上，当日生产的吐司切片下方印有日期，被单片独立包装。伸手取下一袋时，仿佛撕下挂式日历的一页。在这里，你还能收获"亲自打奶"的乐趣。消毒柜里提供小号和大号的玻璃瓶，你可以扳下扳手，按重量付费，住在附近的居民甚至会骑着凤凰自行车，专程来这里打回一瓶巴氏消毒的鲜牛奶。

东城区东四北大街 138 号

酉隐 YINTEA

现代口味的新茶饮

酉隐 YINTEA 是一家开在胡同里的新派茶饮店，店内装修风格仿禅风，主色调为浅灰色。空间很大，分前厅与后厅，前厅有吧台及室内外饮茶区，后厅有小天井、会议间及盥洗室。以"用中国的茶配世界的酒"为宗旨，酉隐 YINTEA 致力于打造适合现代人口味的新潮饮品。

店内目前提供原叶茶、茶咖、茶酒与茶食。其中，原叶茶有乌龙茶、白茶等共7种茶；茶咖有茶美式、茶拿铁与手冲咖啡；茶酒有特调"醉清风""松风里"等；茶食有马卡龙、千层蛋糕等。值得一提的是，酉隐 YINTEA 很讲究饮茶前的仪式感，在顾客落座后，店员会先提供一壶茶水，顾客用茶水泡开压缩巾，以此净手。

东城区红星胡同乙14号

㊹ 雀食 SPARROW

主打日式融合料理的温暖厨房

雀食 SPARROW 是交道口大街边一家以烧鸟闻名的居酒屋,主理人热衷于 vintage 事物,除了喜欢收藏古着,还收集了复古玩具手办和迪士尼卡通玩偶、海报等旧物放置于店里,一家日式小餐厅里藏着许多美式复古元素。雀食主打烧鸟和融合料理,店内最畅销的菜品之一薄荷梅子奶酪 tapas,便是西班牙小吃和日本元素的结合。

菜品种类和烧鸟部位会随着季节不断更新,如秋日的鸡汤、夏日的柚子面和冬日的圣诞限定,许多客人都是在下班后来小店吃一份当季简餐,像来到老朋友家做客一样,和老板或身边的食客聊聊天,选择坐在吧台的食客可以观赏烧鸟烤制的全过程,很多食客也会选择坐在临街的窗边,一边喝酒吃肉,一边欣赏街景。

特别提示
如果可以早些去,在太阳落山之前,夕阳照进店内很美。

东城区安定门内大街 66-1 号

㊺ GALLERY WHERE

隐匿于社区的东亚艺术表达场域

GALLERY WHERE 画廊的空间设计是独特的,在保留民居初始的空间格局基础上,天花板上的圆形孔洞让老屋木梁原有的风貌得以展现。大门以 GALLERY WHERE 的视觉标识为灵感,进行了圆形切割,并嵌入透明玻璃,映入路人眼帘的是橱窗后被中性白覆盖的展区空间。探访时正值汤柏华早春主题艺术展览之际,东西两面墙展示着艺术家解构后的《早春图》泥板作品,而南面的阶梯成了绝佳的观看坐席,人们可以在大屏幕上,观看艺术家的视频创作。作为专注于东亚文化研究的当代艺术画廊,主理人在与艺术家合作代理时希望从本土的文化脉络出发,展示东亚艺术。在过往的展览中,漆器、砖画、玻璃、诗集等,都可以是表达方式。

东城区西兴隆街 124 号

特别提示
抬头看,透过圆形孔洞可以看到老房子的木质房顶,上面也是艺术品的小展区。还有,不要忘记领取一份制作精良的展览手册。

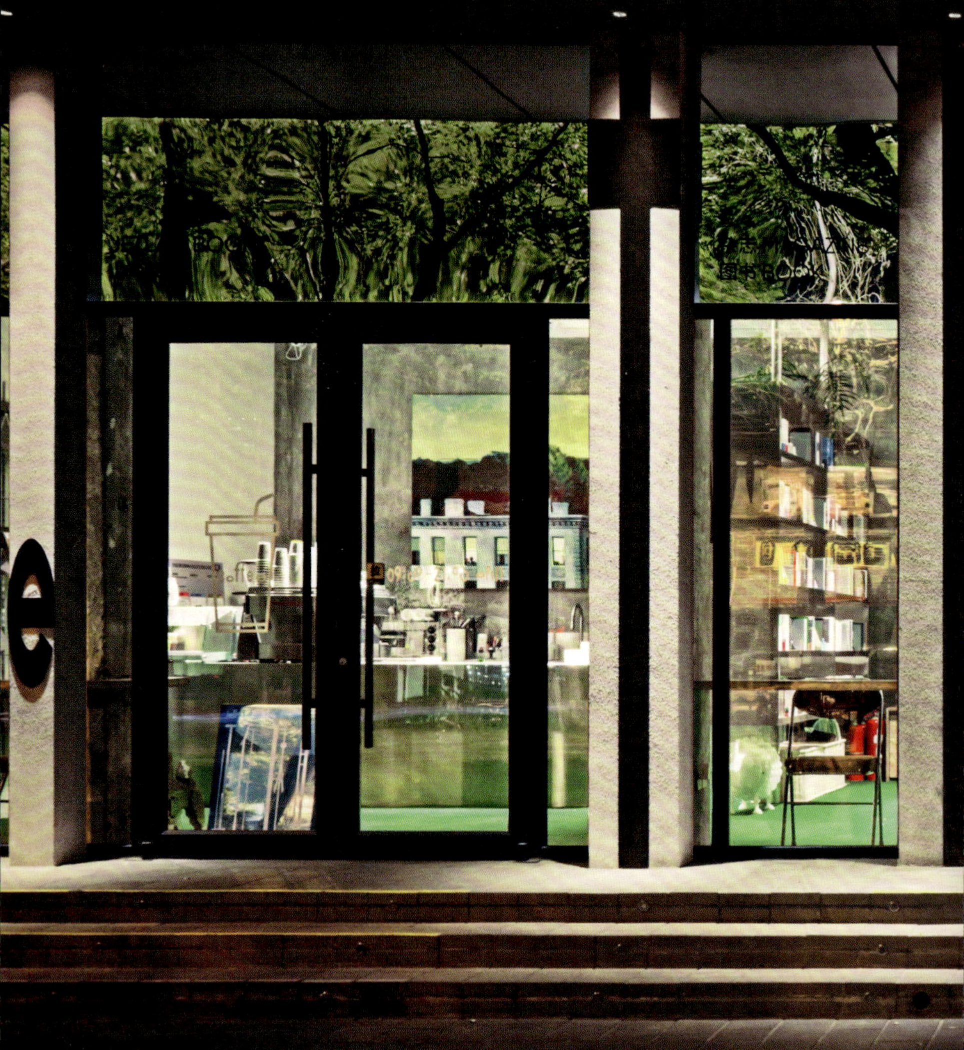

东四北大街与东四六条交叉口

书店 Bookstores

谈及书店，人们的感情总是微妙的。北京有足够厚重的文化底蕴，这让居民对这座城市有许多商业以外的期许，而这种期许结合互联网时代以前的阅读习惯，落地成实体便是书店。书店成为城市生活中代表"旧世界"的一部分，但它又是许多人的堡垒。越重要的城市，便越需要书店为城市的底蕴背书。

北京的书店在摸索中有了自己的样子。它们从选址与陈列入手，尝试和北京的环境融为一体，因此大多带有这座城市的性格。同时它们又在经营之中找到一套属于自己的方式，成为城市光影中稍显执拗的守望者。也因为这些书店，钻进胡同去的顾客会时常念起这座城市还在力图保留的东西。纸质出版物和胡同一样，都是北京生活中不应被抹去的轨迹。

世界灵感之旅在这里启程　　东城区东北大街 303-2 号

山海四合 by Jetlag Books

山海，即世界；四合，则从四面八方汇聚。继三里屯店后，Jetlag Books 在东四北大街开出了这家社区书店，这里曾经是社区的街道办事处，如今变成了社区书店，成为集艺术文化书店、咖啡馆、共享创意办公于一体的协作型创作空间。和三里屯店一样拥有明亮的落地窗，但多了不规则的水泥和通透的金属书架，以及宽敞的落座区。

除了来自世界各地的杂志、精选的书籍和艺术画册，书店将一整面书架留给了诗集。这里定期举办读诗活动，书友们在光线柔和的清晨朗读自己喜爱的诗句，作为对分享的回馈，山海四合 by Jetlag Books 会为他们送上一杯咖啡。这里还会不时举办新书分享会、作者论坛与品牌展览，并在玻璃窗上布置限定的装饰配合不同主题，成为街区里时常更新的风景。除此之外，山海四合 by Jetlag Books 也提供丰富的饮品菜单和早餐。

骑行友好

特别提示

虽然是书店，但别错过这里的咖啡与软饮，尤其是特别设计的 5 款特调，以及与北京地名有关联的特调，比如名为"国贸桥"的海盐焦糖拿铁，将咸甜口感完美融合。这里也会配合不定期的展览与活动，推出限时饮品。

一个复杂且多趣的空间　　　　　　　　　　　　　西城区羊肉胡同 58 号

㊼
postpost

如果用一个关键词描述 post-post，或许是复杂。postpost 作为一个复合空间，集成了许多种功能，展览、衣物、相机、书籍和咖啡都出现在这里。在一层面积不算大的空间中，每一处都被塞进了灵感，无论是可以简单翻阅的影集，还是具备独立审美的周边，都在彰显这个空间的独特之处，甚至在不起眼的角落，也藏着能够让人耳目一新的小物件。

户外舒适

白天时，postpost 的照明完全依靠自然光，阳光通过中央上方的玻璃屋顶透射进整个空间，鸟鸣和带有很强实验气息的音乐混合，你甚至很难想象自己现在正身处一个逼仄的胡同里。但如果顺着楼梯来到二层，在露台上便能看见羊肉胡同的光景，听着环境中发出的各式声音，便能感受到 postpost 的具体位置，这是在老北京的胡同里。

特别提示

很多书只剩一本所以不卖，但主理人常在店内，和他多聊一会儿也许能有新收获。

充满可能性的体验　　　　　　　　　　　东城区赵府街 20 号（金台共享际文创园）

㊽
梦办 OneiroSpace

坐落于钟鼓楼北的梦办 Oneiro-Space 是一个具有书店、咖啡厅、展览、活动等多种功能的空间，也是 abC 艺术书展在北京的线下基地。以米色和银色为主调的室内设计充满轻快的现代感，大大的窗口连通室外，这里经常会邀请音乐人参与电台活动，空间内也有不定期的展览。书架上摆放着展品和最新出版的艺术书籍，角落里有满柜子的唱片，还有随展览更新的文创周边。与梦办在其他城市的空间相比，这里新增了饮品吧台，提供充满创意的冰激凌、咖啡、茶饮和酒精特调。

户外舒适

特别提示
楼上就是 abC 团队的办公室，所以在外摆位置小坐，也许就能碰到喜欢的艺术书作者来探访。

45

"看得见的女性"

西城区仁寿路 16 号

㊾
另一个书屋

另一个书屋坐落在以上海弄堂为空间主格调的泰安里文化艺术中心，需要踏上层层木阶与这间书店见面。这是一家女性主题书店，店内涵盖了从女性写作、女性主义、性别研究、妇女史、女性权益与健康等多个涉及女性和性别议题的书籍。在角落里，一些二手书显得更加珍贵，如杰梅茵·格里尔的《女太监》。此外，桌摆上还陈列着 20 世纪的妇女研究相关杂志，这些都是主理人的点滴收藏，从中可以收获女性主义的在地多条脉络演变轨迹。另一个书屋以"书"为主体开放场域，传递不同年代、不同领域、不同地理位置的女性书写。在这里，为我们认识那些曾经看不见的女性增添了可能性。

胡同中的静谧　　　　　　　　　　　　　　　　　　　　　东城区后永康胡同 16 号

⑩
做書咖啡酒馆

后永康胡同紧邻东直门北小街，胡同的入口处挤满了来往的车辆与行人，市井之气让路口显得有些吵闹，但一进入胡同，景象就变了，附近居民闲坐小道两边，深处则藏着做書咖啡所在的小院。大门让整个环境与外面相隔开来，进入这里需要按门铃让工作人员前来开门，虽显得麻烦，但这换来了做書咖啡独有的静谧，可以让客人享受独处的时间。

做書咖啡的一层布置简单，咖啡桌旁的书架上摆着这里售卖的书籍——都是微瑕书。许多书出版时间并不久，这些相对便宜的价格给了读者更多选择。做書咖啡二层是一个面积较大的露台，向四周看去可以一览胡同街景，在暖风中"上房揭瓦"，是这里的特色。

47

RETAIL
零售空间

零售店铺扮演的角色，就像在某个商品类目下为客户提前做好决定的人，在选品时将生活方式和审美融入一个个具体的单品中，甚至有时一家出圈的零售店可以成为街区、城市的象征。对于一座城市中的优质零售店铺来说，它们能够受到欢迎的底层逻辑在于人们对服装、家居产品有着超出其本身使用功能以外的更多需求，甚至愿意为了一份"心头好"放弃部分功能，所以对某一领域的长期观察者而言，他们积累的知识有了更直接且得以良性循环的分享方式。这些店铺往往有着极个人色彩的装饰和空间，当然选品也是一样。而无论零售店铺的主题是服装、家居用品，还是儿童生活方式，都证明有那么多人依旧愿意强调差异的重要性，北京居民的生活方式也因此更丰富有趣。

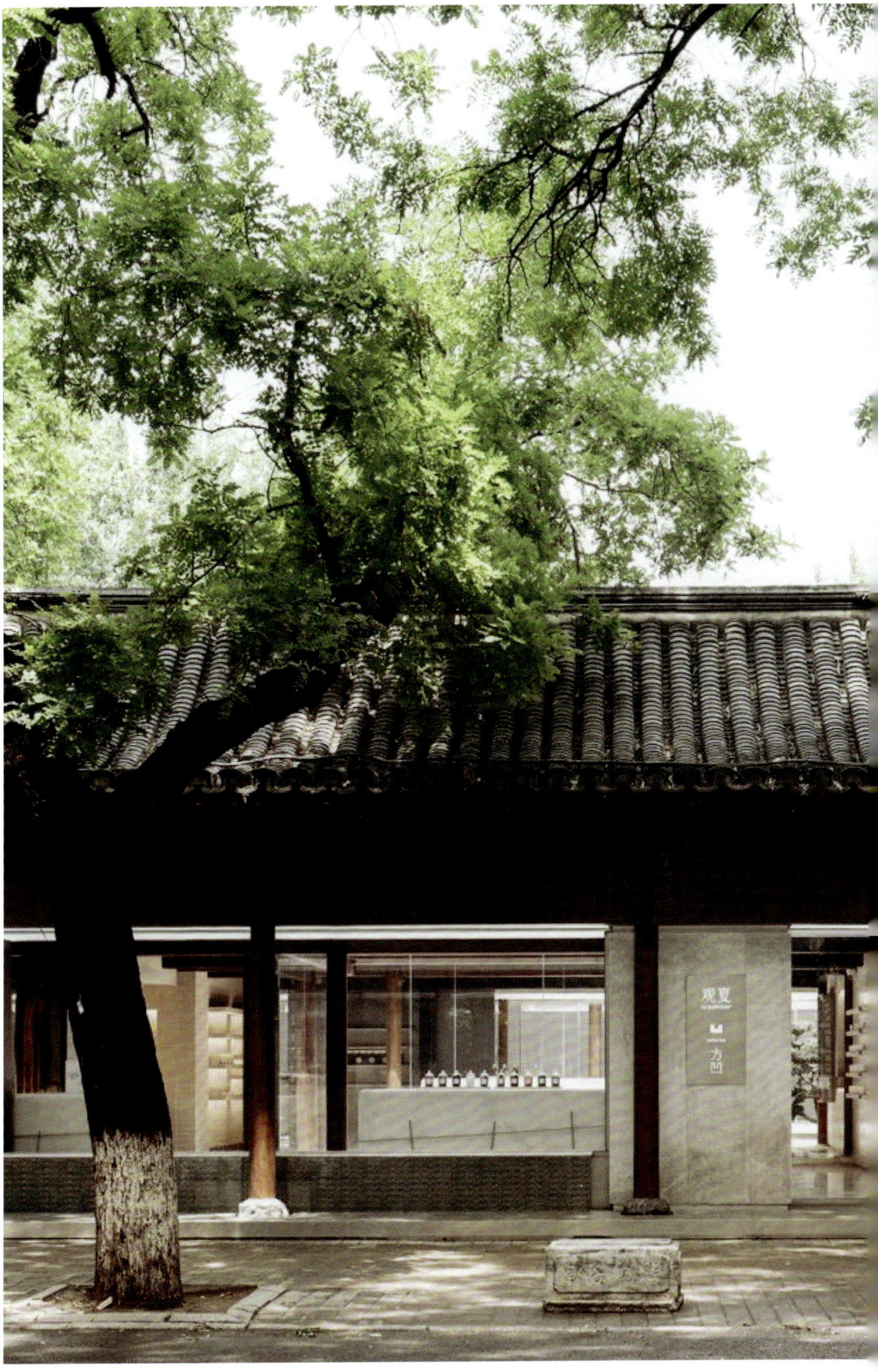
观夏
方閰

观夏国子监

回归北京、走进社区的东方香味

国子监，中国古代的最高学府，和孔庙一同坐落在北京一条拥有 700 多年历史的街道上。明代，这里是"崇教坊"，清代，这里是"成贤街"。无论文官还是武官，到此都要落轿、下马，步行而入。

出生于北京、从成立之初就专注探索东方香气的品牌观夏，在这个毗邻国子监的四合院中，以最经典的灰瓦红墙中式建筑风貌走进社区。从修缮的结果来看，四合院作为私宅的属性被淡化，它没有使用传统四合院的影壁墙，而是用透明的玻璃墙取而代之，无论白天还是夜晚，白色灯光都会从建筑中弥射出，树影重重。店铺门口设计了可供街坊邻居、路人或者顾客小坐的区域，实际上被赋予了更多公共空间的功能。

而在露台，能清晰看到观夏为屋顶保留的老瓦片。分不清那些方胜纹、花卉纹和传统"压六露四"的铺贴方式也无妨，四合院被重塑，访客能获得新的感受，才是把店铺开进胡同街区的意义。

东城区国子监街 23 号

店铺的室内设计围绕着院子展开，为了让屋檐之下的东方特质更加明确，观夏在庭院中种下一棵松。如今保留的那一口古井，曾是这个区域内唯一可以打到饮用水的井，它是观夏施工时意外挖到的，连房东都只是在传闻中知晓过它的存在。

手工陶土砖砌成的陈列台上，依次展示着丰富的产品线——香水、蜡烛、香插和晶石香薰等。而除了日常陈列产品的区域，还有用于展示景德镇陶艺人和世界陶艺名家作品的空间，名为"方凹"。作为在时代语境下应运而生的东方器物画廊，将集合一群符合当代东方语境的设计师、艺术家及手作者，定期操作主题策展，它的使命是"记录改变中的东方之美"。

基于"东方"的内核，这里也把年画、中式果子的制作等活动带入工作坊，这种可以容纳多人参与的形式，丰富着店铺的内容层次。

51

主理人 Lucas：

"对买手店来说这里的确有点儿外环，但我不希望客人能轻易抵达这个地方。只有来的路程足够长，途中才会产生许多想法，才会问自己为什么要来。我希望我的客人带着目的来拜访，哪怕来拍照也是一个很好的目的。"

⑤

The Shelter

买手店，
但致力于让好设计发挥作用

———————

无论在选址还是陈列方式上，主理人 Lucas 显然有自己的讲究。对买手店来说，The Shelter 的位置很僻静，选择园区中的旧厂房，是因为这里斑驳的墙面和角落自然生长的苔藓代表时间的痕迹，刚好和店内陈列的"有些年份"的中古设计师作品相契合。为呼应"档案馆"的概念，店内20世纪八九十年代的设计师作品中，那些彼此启发过、有联系的，被安放在一起，不仅暗示了设计师及不同风格的历史发展逻辑，也提供了理解设计内涵的窗口。

因为 Lucas 认为好的设计实现价值的时候是在它被购买时，The Shelter 店内全部展品皆可售卖，即使是装饰用的家具与杂志。同时，店内也从不打折，因为主理人希望买到商品的人懂得珍惜。

顺义区 39 号国际艺术园 T12

> **主理人 Onkit & Nicky：**
> "十年来我们一直努力和商业地产、大型百货商场相平衡，开在闹中取静的地方。因为时尚、审美和文化上的趣味更多诞生在街边或者巷子里的小店，所以对于北京来讲，只有国贸和太古里这样的地方是不足够的。"

ANCHORET

深藏不露，闹中取静

成长到十岁时，ANCHORET搬到了幸福三村五巷西口，这个选址延续了ANCHORET一贯偏爱的"闹中取静"风格。步入ANCHORET店内，也能在细节中感受到主理人Onkit和Nicky对本真与新旧融合的追求。建筑原本的木质屋顶和砖块被完好保留了下来，新空间中摆放着Onkit和Nicky自己挑选的家具。同时，他们还做了一个大胆的选择——不破坏原本的质朴意味，为与街道邻舍相融，幸福三村店没有橱窗，白色墙体上亦无任何装饰，仅有一条长长的白炽灯照亮门洞。

得益于独特的审美眼光与坚持开独立小店的选择，ANCHORET 在商谈代理品牌上进行得异常顺利，进店逛逛，诸如 Yohji Yamamoto、M.A+、Paul Harnden 这些不容易取得代理权的品牌都能在这间独立小店里看到。

朝阳区幸福三村五巷西口

主理人洛葵：

"拿这套 Moon Picnic 仿真蘑菇举个例子，如果孩子们用这套玩具认识蘑菇，父母也需要查阅资料之后进行讲解，或者亲自一起去野外观察蘑菇。只有这样孩子才会爱上这套玩具，乃至于和自己的小伙伴分享这套玩具，这是他一生中对蘑菇最初的记忆，长大之后也依旧愿意放在自己的书架上。"

64

栗外 Chessnaught

摆满馆藏级设计品的儿童展厅

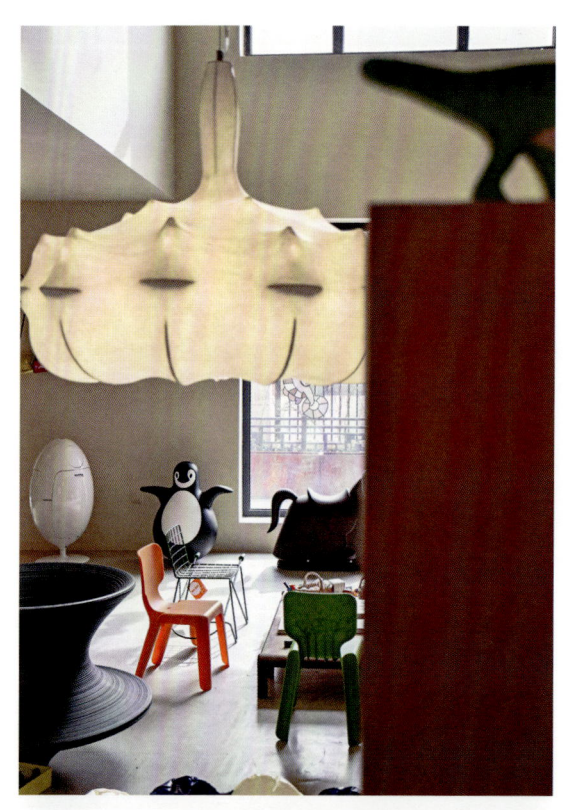

一家儿童生活方式买手店，用设计来承载美学启蒙。栗外 Chessnaught 店内摆满馆藏级设计品，和展馆的不同之处在于这里允许直接上手触摸，因为主理人洛葵明白"接触实物"的重要性，它能使人在更深层的意义上感知艺术作品的美。

因为客人无法在这里发生反复购买的行为，栗外 Chessnaught 成为一家有悖于传统商业模式的店铺——店内大部分商品，孩子一生只能拥有一件。但洛葵认为这样是合适的，因为给孩子买的东西不需要很多，物品带来的亲子共度时间才是重点。

顺义区河东斜街 2 号 15-1-102

57

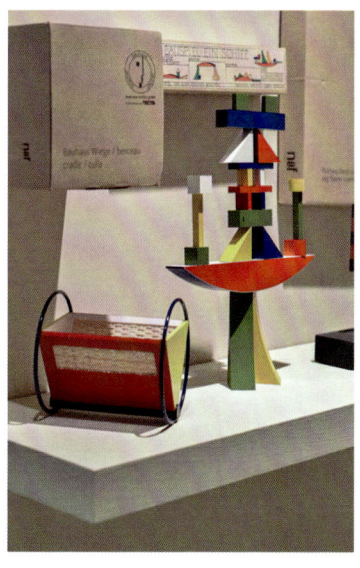

> **主理人 Potato：**
> "如果所有买手店里陈列的东西都差不多，品牌也一样，那为什么不在价格更有优势的线上买？所以大家的生意越做越差。改变这种状况要在个性这件事上做得更彻底一点儿，但也要慢慢做。"

⑤ SAFEROOM

出售差异化审美物件的买手店

虽然位于三里屯，SAFEROOM 是一家没有确切门牌地址也无法精准定位的买手店。主理人 Potato 喜欢这种藏起来的状态，能让他在视觉、嗅觉与听觉上完整输出属于自己的审美趣味。店内不仅有服装饰品，还有代表嗅觉的艺术沙龙香，并且定期举办不同主题派对，每次的预告海报就贴在店内。现在 SAFEROOM 也是一个派对厂牌，取店铺的音译名，叫作"似福绒"。

Potato 觉得"现在的信息环境太嘈杂了",人们试图以潮流趋势告诉设计师与实体经营者什么是易卖的,结果是让所有物品看起来都趋同,但买手店的意义却在于张扬个性,并且强调同样重要的差异性。

朝阳区三里屯机电研究院 Amid 酒吧深处

Cabana（国贸商城店）

有凉台的小屋才是理想中的家

从北京的三里屯和国贸，一直到上海静安和安福路，Cabana 不同的店铺依照主理人的设想采用了不同的设计模型，具体细节的设定也以当地的社区性为基础进行考虑，因此每一家店都有自己的特色，但都无一例外地成了城市中热门的"目的地"。

Cabana 直译为"海边有凉台的小屋"，自创立起，品牌便主张持续不断地介入和启发正在成长的年轻一代对于理想中的家的构想。因此，即便位于国贸的旗舰店整体上更加摩登，店内许多物品搭配和摆放间的细节，也透露出这里模拟的场景依旧是家的角落，在入口处使用镜面走廊隔绝掉一部分商场气息也对这一效果功不可没。

朝阳区建国门外大街 1 号国贸商城 1 期 B1 层

60

Blue Onism

用好物弥补一生之憾

Onism 是一个哲学词汇，意为"一生之憾"，Blue Onism 想做的是让人在遍赏好物后，还能辟得一方精神天地，以此弥补曾受限于身体、时间和空间而无法亲尝的遗憾。这家店集合了几位主理人各自感兴趣的领域，将大牌中古时装、国内外设计师品牌、生活方式产品、艺术衍生品与诗集融于一体，定位是"买手集合店"和"诗歌与艺术空间"，不仅着眼物质，也关注精神。

与其理念相合，Blue Onism 的空间和选品也不落俗套，尤其是选书品位。在这里，访客能遇见在互联网上可能都检索不到的小众精选诗集。

朝阳区半截塔路 53 号首创·郎园 B6-2

开在张喜庄商业街的 Common Place 其实并不"Common",恰恰相反,它是此处最特别的存在之一。在选品上就能感受到 Common Place 的独特审美,这里的男装区有一整墙款式颜色各不相同的 Guidi 皮鞋,视觉冲击力极强。

⑱ Common Place

最早将服装陈列在艺术装置之间的北京买手店之一

由废弃工厂改造而来的 Common Place 得以在 2000 多平方米的场地内奢侈地使用空间。入口处特别开辟了大块空地,和走廊一起为店内不定期举办的展览提供空间。因此这里不只是一家买手店,还是一间画廊展馆,连休息室里也用艺术作品来装饰。大部分艺术装置由主理人和工作人员自己设计完成。即使不为购物而来,Common Place 也能为人带来值得回忆的美学体验。

顺义区高丽营镇张喜庄村商业街西区 98 号

casa casa

提供生活体验的家居集合店，逛街就像回家

创立 casa casa 的第 16 年，知名摄影师 Nelson 梁伟终于将这个家居品牌集合店带到他小时候的"家"——北京。取义自拉丁语的"家"，casa casa 将"自然"与"朴实"贯彻在空间设计与物品选择上。除去地毯、地板与灯具区域，店内的其他家居用品并未刻意做出特别的区域划分，每一个角落都自然且和谐——因为家不是物品的简单填充，而是由理解和体验构成。

在选品上，从历经时间考验的老品牌到设计前卫的新品牌，casa casa 甄选他们认为真正值得的产品放入门店，位于正大中心占地 600 平方米的开阔店面也让他们有空间展示更多有趣的"大型"产品。

朝阳区针织路正大中心北塔 1 层 L112

STAYCATION
城市度假

过去几年,一种新的探索城市的方式悄然诞生:Staycation。进入度假的心情,不再需要前往遥远的国度或度假村,只需住进不同街区的酒店,探索附近的城市角落。这成了一种更精确地"与北京交朋友"的方式——毕竟,想在两天里规划一次全面的北京旅行几乎是不可能的任务,Staycation 却足够让你浸入某个独具特色的街道,散步,观察,悠闲地吃一顿午餐。

Staycation 的内核,是把自己置入一种与日常生活不同的心绪:从入住酒店房间开始,沉入一种陌生的新鲜感,试着用人类学家一样的漫游者(flâneur)视角重新与城市建立接触,去探索曾经只是匆匆路过的街区,或者真正放缓步伐,只是安静地在亮马河边或颐和园里做几个深呼吸。

我们时时拥有前往从未听闻的小岛的冲动,但以步行的速度重新丈量这座城市也同样重要。

65

北京瑰丽酒店

朝阳区呼家楼京广中心　010-6597 8888

住在北京瑰丽酒店，能很好体会到它一贯注重的"A Sense of Place"——由内而外的"在地感"和放松舒适的"回归感"。酒店内部有7家餐厅，含酒吧、室内泳池及室外全景花园等各类空间，即使不出酒店，也能拥有一次充实"旅行"。

进入主门，看到两座相对而立的椒图石雕，椒图一般安在门环上且是并排往前，据说童说，此处设计"既是'龙之子守门神'，也有迎宾送客之意"。酒店大堂有三层楼之高，从钢架穿过的筒灯使空间更开阔，中央还摆有笔触道劲的山水画。

在寸土寸金的 CBD 停下脚步

京 A Taproom

朝阳区光华路 1 号
一层 L108、L109 单元

这家以精酿啤酒起家的餐厅，在嘉里中心东北角有一整块户外空间，毫无遮挡地面向景华南街和"大裤衩"。能在高层商务楼之间悠闲地坐下来吃顿饭感觉很特别：一面是规整的斑马线和玻璃幕墙，另一面是难得享受周末的上班族，CBD 在此停下了脚步。

室内设计采用一贯的美式工业风格，和京 A 的主推菜品汉堡、薯条很搭。相比之下，早午餐的菜单上多了"健康饮食"，如椰子酸奶燕麦碗和草莓法式吐司。坐在阳光充盈的餐桌前，甚至领悟出绿色北非蛋的最佳食用方法：用叉子把吸满五香菠菜和新鲜香草味道的北非蛋挖出，蘸在京 A 自制的黑芝麻酸面包片上。

瑰丽客房内的全景窗面向国贸桥、"中国尊"及中央电视台总部大楼等，站在此处远眺，更能感受都市的宽广与繁盛。客房区域划分清晰，居家氛围浓厚。木质圆桌取代了商务办公桌，床头柜上有首饰收纳盒，书架式落地柜收纳咖啡与茶叶。足够开阔的空间里甚至还有衣帽间、化妆台、沙发长榻及大理石浴缸，浴缸边的洗浴备品香味特别，让住客能够度过更加放松的浴室时间。

大油罐里的多元空间

62

Atlas Camp

朝阳区建国路 75 号西望六号动力街区

Atlas Camp 藏身于园区内一个巨大的红色油罐里，找到入口要经过曲折的小路。与 Atlas 品牌的其他酒吧相比，这一家的户外风格更有一种轻松随意的感觉。店内会时常举办各种活动，致力于打造一个多元、包容、开放，并且属于朋友们的空间，正如主理人所说，"来这里的都是朋友"。

墙上五颜六色的涂鸦标语，有关于酒单的提示，也有朋友们的生活感想。店里的特调以数字命名，很多都是由于客人的偏爱才慢慢固定下来的。如果喜欢清新的风味，可以尝试酒体透明的 No.1，或者带有独特冬瓜茶香气的 No.9，调酒师亦会根据客人喜好定制一杯独特的味道。

最像邻居家餐桌的米其林餐厅

⑥

屋里厢上海菜馆
朝阳区工人体育场北路甲 2 号
盈科中心临街底商一层

连续四年获得米其林二星的本帮菜餐厅屋里厢，并没有想象中的"高冷"：预约餐位并不困难，装修也有种平易近人的雅致。店内的服务细致而妥帖，询问菜品时能得到服务员们非常详细而个性化的回答。

从红烧肉、腌笃鲜到响油鳝丝，再到需要提前一天预订的蟹黄煲仔饭，并没有"时髦"的烹饪技巧和食材搭配，仅仅是将本帮菜的鲜甜食材和浓油赤酱发挥到极致，就足以让人收获让胃里熨帖的一餐。翻开菜单，才知道"屋里厢"三个字源于地道上海话中"家"的发音，而它确实提供了温柔的一餐又一餐"comfort food"。

酒店内的怡庭 Bistrot B 都市庭院扒房以炭火及开放厨房作为亮点，客人能直接欣赏到大厨们的花式操作，然后享受种食材直达餐桌的幸福感。天气好时，推荐在户外区域用餐，植被错落有致，营造出一个楼宇间的小型绿洲。与酒店内花园一窗之隔的怡庭大堂吧还提供下午茶，并且每个月都会更换主题，根据时令、食材等元素来制作。

除此之外，从氛围到菜品都注重时尚感的赤火锅、2021 到 2023 年蝉联北京米其林一星榜单的乡味小厨和主打新派粤菜的龙庭餐厅都值得安排进日程。

把法国搬到机电院

芭诺 Panorama

朝阳区工体北路 4 号 81 号楼 103 室

位于三里屯机电院的芭诺 Panorama 几乎将整个餐厅都向街道开放，窗台也是桌台，室外的铁质桌椅、鲜绿色窗框、红砖色外墙，让人误以为身处欧洲的街角。餐厅老板是法国人，他也把法式的优雅和偏爱的用餐方式带进了餐厅。

这种偏爱直接地体现在菜单上：有整整两页都在介绍法国人喜欢的可丽饼，有甜味、咸味，可以自由搭配酱料、坚果、新鲜水果。菜单上的 tips 还会告诉你：想要完美的法式体验，请选择可丽饼搭配苹果酒。还有经典的法国料理 quiche（挞饼），金枪鱼挞饼是把鱼肉包裹在浓郁的奶酪中间，像一块分切蛋糕。

穿过酒店 6 层长廊，是 Sense 水疗中心。这里主要使用有机精油，并提供定制化的理疗服务。休息区躺椅面朝户外风景，契合酒店的居家风格。水疗中心另一侧是绿树环绕的热带风情泳池，池水碧绿，夜晚时，此处还会亮起巨型蜡烛，置身其中恍若从都市脱身。

有云南底色的烤食小酒馆

⑥⑤ 之间 In Between

朝阳区幸福一村七巷与六巷交叉口 40 米

白老虎屯是北京最早一批践行 bistro 概念的餐厅，同一个团队在幸福一村的居民楼间开了另一间店之间 In Between。方块的空间格局让人可以快速掌握座位设置：两大两小四张餐桌，外加几个吧台位。虽然小，但主理人特别挑选的卧室灯具的光线，加上干净整洁的开放式厨房，能给人货真价实的"小酒馆"氛围。

之间 In Between 主打炭火烤食，有蔬菜、海鲜和肉类可选。不过因为共享主厨，白老虎屯的云南底色会不时闪现，薄荷、羊肚菌和酸木瓜等食材会适时出现，让你明白真正"有层次感"和只是堆叠食材之间的差别。之间 In Between 的菜单会根据时令更换，因此被做成了小巧的纸质卡片，连菜名都起得直白，采用告知主要食材的方式，再由侍者在上菜时详细介绍一遍做法。

精致日料融合菜

⑥⑥ 京.YUZU

朝阳区新源里 16 号琨莎中心 3 座 1 层 101

隐藏在琨莎中心底商的白色推门里，精致日式创意菜和特色的柚子酒的搭配，让京.YUZU 成为许多人心中度过一个轻松、浪漫夜晚的绝佳选择。

菜品在创新中又保留了日式料理对食材本味的尊重，将时令食物和丰富的调味完美结合。招牌菜黑醋无花果奶酪，将味噌奶酪、醋渍无花果和杏仁片三种看似南北不相及的食物搭配在一起，而以海鲜为主的菜品也都清爽新鲜。

店内的灯光亦精心设计，在入夜之后老板娘还会关掉店内的几盏灯，让蜡烛、投影仪与音乐一起，成为店内丝绒般氛围的背景。

探索地方菜精致餐饮的可能性

⑥⑦ 楚膳四季

朝阳区东三环北路 7 号金茂威斯汀大饭店内四层

在所有菜系中，湖北菜并不是最有辨识度、最具声量的，但在近年的"地方菜系精致化"趋势中，也出现了主打高端定位的楚膳四季。

不像川菜或粤菜有那么多经典菜式，湖北菜中最具标志性的一道或许就是排骨藕汤。楚膳四季的洪湖贡藕汤难得地可以品出藕的清甜和排骨的浓郁，让本地人抿一口就像回到了儿时的餐桌。菜品的辣度和咸度都为了北方口味改良了不少，但尽可能地保留了香味。

除了藕汤外，菜单上的茭白、黑虎虾、土猪肉乃至臭干子都是湖北家常菜馆中常见的食材，楚膳四季选择用更加高端的配菜和烹调方式，将原本低调的湖北风味带上了另一个台阶。

绿荫掩映中的清凉地

⑱

Gez Cafe 集思啡馆

朝阳区三里屯西五街 5 号院内

闹中取静是对 Gez Cafe 集思啡馆的最佳写照，它身处园区内，所在的黄色小楼被一整片植物掩映，只有走近看到一扇半开木质门窗和木凳、露营椅才能确认来对地方。进门的石板路旁被隔出一小片菜地，里面种了各种样式的蔬菜花卉，菜地另一侧还立了一个画着"cai"和小狗的可爱木牌。

室内自然光与暖黄灯光和谐交融，特别推荐的阿芙佳朵中冰激凌奶香和咖啡醇香搭配入口，让人满足。一共四款特调，以四个季节命名。名为 Summer 的配方中有柠檬汁和汤力水，难免让人联想到金汤力的清爽，不过这杯的基底当然是浓缩咖啡液。

石子铺出的自在与野性

⑲

ISSUE.01 Espresso

朝阳区建国路 75 号西望六号动力街区化学楼 301

在大望路热电厂的旧址上，新潮的想法填补了电厂停工后的荒芜，ISSUE.01 Espresso 是第一批入驻这个文艺园区的几家店铺之一。

初到此处可能会因为店内看似毛胚房的景象而惊讶，而这正是主理人陈滚滚想要的——并非追求所谓的侘寂，这里是对"表面精致"之物感到疲倦者的归所。于是座椅区铺满了小石子，天花板也是凹凸不平的。这些看似粗糙的设置都是精心打磨过的随性，空间中简易的桌椅，其实是根据艺术家唐纳德·贾德（Donald Judd）的手绘稿制作。

作为 ISSUE.01 品牌旗下主打城市社区概念的咖啡店，它主要提供以意式浓缩为基底的咖啡饮品，当季特调则随时节而变化。桌上的这杯咖啡只是大家相聚的契机或话题，无论是与友人还是自我相处，这里会让人度过一段愉快的时光。

71

北京饭店诺金

东城区东长安街 33 号　010-6526 3388

⑦⓪

咖啡店里荡秋千

⑦①
独行咖啡馆

东城区夕照寺中街 25 号楼 1 楼 101 号

一推开独行咖啡馆的门，就能看见入口处的秋千。虽不能真的荡起来，但两位主理人为此折腾很久也要保留它的原因，是希望客人能在店里感受到童趣。还有很多可以佐证这一点：守护咖啡机的蒙奇奇、镜子上的大力水手、小金鱼缸里的潜水员，以及为提示古董椅子不能坐，主理人在小贴纸上画的笑脸……

独行咖啡馆的座位舒适，尤其门窗边的小角落，适合窝着晒太阳。墙壁上紧挨着挂了不少画框，以为是小展览，凑近看原来是一些记录店铺装修过程的照片，立刻感受到两位主理人对这家店的爱意。独行把手冲菜单做得很细致，每款豆子的特色都一目了然，看主理人小宋在手冲台上制作咖啡，中式瓷杯上印着小猫——到处都是让人会心一笑的细节。

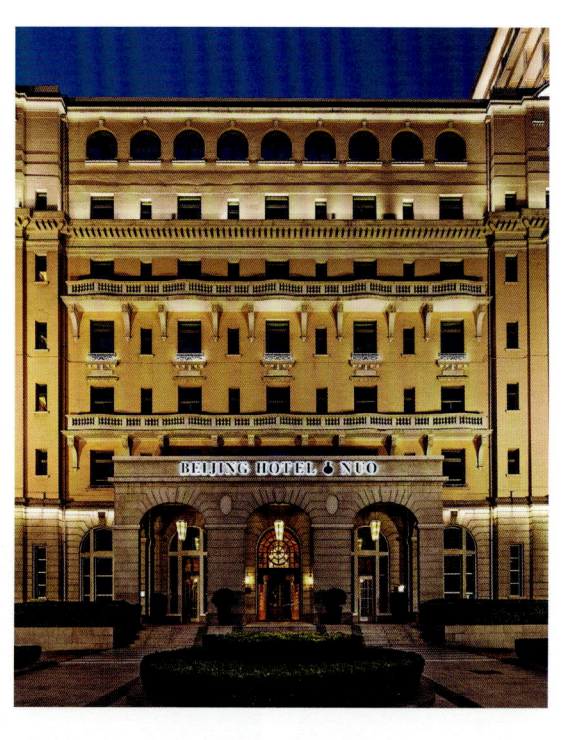

北京饭店诺金可以说是这座城市里熟悉又陌生的存在。它位于曾是各国使馆所在之处的东交民巷附近，摩洛哥国王、西班牙女王等贵宾都曾到访此处。北京饭店诺金与法国文化有深切的联系，它脱胎于两个法国人在 1900 年经营的酒馆。经历换牌后，它成为 GHA（全球酒店联盟）成员。

一抹亮眼的红

⑫ Red Dot

朝阳区百子湾南二路 76 号院 5-12A 号

在居民区紧密的百子湾，Red Dot 的到来是抹亮眼的红色。从门头、地砖、墙面再到咖啡桌，空间一半由不同质感的红色组成，和剩下一半的米白色搭配出温暖的复古感。空间并不大，但在巧妙的规划下，落座区层次丰富：有宠物友好的外摆位、常规的两人桌、舒服的沙发区……而穿过红色隧道，最里面还有一个相对私密的小空间。

进门后很难不注意到吧台上方巨型的水滴造型，以及墙壁上进行呼应的小装饰。水滴元素取自店名里的"dot"，另一个来源则是做咖啡离不开水。主理人对于咖啡品质的在意，体现在用豆的谨慎上。比如主理人推荐的浅烘草莓百利甜，不是增味豆，但又尝得出浓郁的草莓风味。

酒店有 9 间传承套房，名为蒙哥马利元帅的套房便是其中之一，它系 1959 年反法西斯英雄蒙哥马利访中时所居。房内仍保留错层台阶，是为抬高主人床位从而保护其隐私而保留下来的。内室色调与酒店整体暖色调统一，雕花镂几和丝绒窗帘厚重感仍在。灯光与空调设备也便于操作，用新式触控开关即可调节。值得一提的是，房间隔音极佳，即使长安街彻夜热闹繁华，住客也能睡得安稳。

楼上做婚礼，楼下做咖啡

(73)

LP Vibes Coffee

朝阳区百子湾南一路石门 5 号
动力街区 9 栋 101 号

LP Vibes Coffee 开在百子湾的东朝时代广场，足够大的室内室外空间让这家店很难给人拥挤的感觉，也顺便拥有了宠物友好的标签。店内的元素很多：黑胶唱片、绿植、架子鼓、露营装备……但你不会觉得凌乱，反而感觉到一种老朋友的气质。可能因为，主理人之一会不时地随性弹唱。

主理人从事婚礼策划多年，如今在工作室楼下开出一间咖啡店，希望这里可以成为新旧朋友们度过愉快时间的地方。熟客会把自己的黑胶唱片寄存在这里，到店后轻车熟路地播放起来。点单时可以看墙上超大的彩绘菜单，省去一些纠结的时间。唯有一杯旁边打着问号的，是概念有趣的咖啡盲盒，基本每周都会换新。甜点也是主理人和朋友合作推出的，无论口味还是造型，都很难找到第二份。

法餐是北京饭店诺金住客不容错过的体验，餐厅既有地道的法式创意餐，也有特色中式改良菜。特色菜品有耐嚼的餐前面包，偏甜的椰香南瓜香蕉汤，以及口感嫩滑丰富的香煎鲈鱼。如果对餐前面包念念不忘的话，还可以试试酒店的云间烘焙店，提前 4 小时预订，可以收获现烤法式面包与蛋糕，甚至还有前 NBA 营养师特制的沙拉。

奶油色系的可爱门头

㉔
sips & lick
朝阳区黄木厂路北汽双井文创区
G102 栋

sips & lick 拥有奶油色系的门头，户外区的坐席和小边桌能给人放松感。室内软装以木质为主，阳光洒进来时，在此工作和自习的效率也会提升。身处双井文创园，加之楼上是录音棚，让 sips & lick 室内外的落座区通常很安静，格外适合独处。从实惠的定价就可以看出，主理人自己也将 sips & lick 定位为社区咖啡厅：大杯的特调都不超过 30 元。但主理人对咖啡品质并不马虎，菜单上清晰标明不同烘焙度下可以选择的豆子，种类丰富，特调菜单也会根据时令进行更换。

深夜的北京饭店诺金还开放作家酒吧，其中有酒，也有歌舞。酒品独特新奇，比如名为"寒夜"的鸡尾酒便将柔和的蝶豆花与凛冽的金酒相融，为饮者带来全新味觉体验。热闹舞池上既有专业舞者也有业余观众，有时，前者还会指导略显局促的后者。

喝倒之前，要先吃好

ZOODLE

朝阳区金汇路 9 号中骏世界城 D 座 1 层

店名意为"一碗喝倒了的面条"，因为"N"倒过来就变成了"Z"。这里中午是一家面馆，晚上就变成提供饮酒氛围的 bistro。ZOODLE 提供的所有葡萄酒都来自中国产区，他们自己制作了"中国酒地图"，介绍葡萄酒的"新世界和旧历史"。

ZOODLE 晚上的菜式也主打中西融合的风格，用西式烹饪的工艺和原理，对中国菜做一些有意思的改良。菜单中，川菜占比相对较高，ZOODLE 也为重辣口味的菜匹配了合适的葡萄酒。每一道菜上桌，侍者都会提醒菜品的巧思和烹饪的原理。比如一道"红油鸡翅"，作为裹料的红油用美式杂菜的方式来做，7 种辣椒，每种辣椒在油温不同的时候泼进去，激发出最香的味道，最后加入蜂蜜中和辣度。

北京华尔道夫酒店

东城区金鱼胡同 5-15 号　010-8520 8989

站在金宝街上的华尔道夫 50 米高的主楼下仰视，立体黄铜边框贯通整幢大楼。这显然是设计团队的巧思：铜，不仅是华夏千年祭祀礼器及皇家建筑御用的材质，其本身也有易氧化特性，随年岁更迭，其外观会更内敛沉稳，似与北京城"和光同尘，与时舒卷"。

它也是北京唯一一家主楼外附带四合院的酒店。四合院据明代王府级别来修建，规划出四间胡同套房，金线苏画装饰及古董家具由特聘设计师精心装造。

与人流错身而过的意餐小馆

⑰
MEATY BISTRO
多肉小酒馆

朝阳区工人体育场北路 8 号三里屯 SOHO1 号楼 B1 层室外 -120

隈研吾在 2010 年设计三里屯 SOHO 时，很难想到这个商圈如今的模样：原本仿照日式庭院风设计的"拱桥流水"旁，是层出不穷的"网红新店"和火爆的排队场面……与街对面的三里屯太古里相比，三里屯 SOHO 贡献了更年轻、更多元、更亲民的业态。

顺着扶梯而下，需要付出一点"曲径通幽"的努力，才能找到 MEATY BISTRO 的门面：以黑色为主的门店设计，让人恍惚觉得自己身处纽约布鲁克林的时髦意大利餐厅。店内的空间不大，总共只有五六张小桌，却完美契合了朋友下班后小坐聊天的需求。

菜单不长，但能提供足够惊喜：除了经典的烤伊比利亚猪脊排和各种意面以外，还有像"麻婆豆腐鹅肝"这样的创新融合菜。除此之外，还有每日不定的例汤、各类奶酪和"老板最爱"隐藏酒款可供选择。

酒店内部遍布馆藏级的真迹，中国优秀当代艺术家和国际艺术大师的作品都收录其中，每一件都与酒店气质契合。也有专为华尔道夫创作的作品，比如艺术家凌健的油画《宫廷侍卫》，直径三米，是艺术家考虑到酒店地处王府井、毗邻紫禁城，从而创作出的古代侍卫面庞。同时，每件艺术品边都设有休息区，住客坐着便能领略艺术。

客房的色彩搭配和整体布局都更为大胆：仿钢琴色泽的墨黑玄关配有烤漆柜门、橘色美式沙发、孔雀绿丝织墙布与香槟金窗帘相映成趣……在保有舒适感的同时，房间也为住客提供独特的美学体验。在细节中也能感受到酒店的奢华，比如来自 Pacific Coast 的高密度针织床被、有 VOSS 和 LA JOYA 红酒等多种选择的 mini bar、配备全套 Aesop 洗护用品的大理石浴等，皆能满足住客的精致需求。

名字就已经足够 fusion

⑱

东北西·餐·酒
NORTHEAST

朝阳区 SOHO 尚都西塔 2 号

这是一家东北风味的融合菜 bistro，招牌和室内顶灯都折叠成风琴状，令人联想起东北的山脉。餐具上印着主理人自己设计的松树、牡丹纹样。尚都西塔的下沉广场提供了一处庭院，因此这里也有户外用餐区，遍布苔藓和绿植，提醒来人已经进入"东北林区"。

菜单意料之中地供应猪肉粉条，不过这是一道炸物，猪肉酸包菜做成了汉堡，解腻的酸黄瓜被替换成东北酸菜，十分和谐。还有一道杂菜，却取名叫铁锅蘑菇炖，和东北的联系恐怕在于这道菜真的盛在一个铁锅里。

在常规酒单之外，这里也提供东北风味的鸡尾酒，一杯酒体青绿的"大兴安岭"插着松枝，味道冷冽微苦，的带来了大兴安岭的风霜意味，非常适合夏天饮用。

酒店内的紫金阁与鸢尾宫 1893 分别主打粤菜与法餐。紫金阁的金鱼虾饺和鲜虾红米肠粉是不可错过的前菜，招牌烧味双拼和啫啫澳洲和牛是经典，松茸清汤炖竹笙则是想要暖身时的好选择，而所有菜品都诞生自特别定制的开放式灶台。

鸢尾宫 1893 中的数字是首家纽约华尔道夫酒店开业的年份，这里常被推荐的主菜有波士顿龙虾、M8 和牛牛柳和安格斯 T 骨牛排，酒店的主题下午茶也值得一试，每一季都有新菜单。

闹市中的南国情调

春台 Spring Patio

朝阳区三里屯太古里南区三层 S9-31

这家主打云南融合菜的 bistro 里不出意外地出现了著名的"香橼"，他们介绍这种云南盛产水果是"柠檬的祖先"，并且以此为食材制作了一款甜品——糖壳和奶油中包裹着冷冻的香橼果肉。

春台 Spring Patio 的所有菜品都按照西式餐桌的分类来展开，但食客能在开胃菜的选项中看见云南泡菜，在肉类中看见用传统香料制作的炸物。这里的酒单也非常特殊，出现了大量橙酒，侍者解释说这是因为橙酒的风味能让香辛料和肉类的香气再上一个台阶。

高处一道隐秘的围廊显示这里还有二楼，是店内的"酒市"，晚上 10:00—24:00 开放，搭配上白天菜单里的咖啡，原来这里也是一个支持"日咖夜酒"的地方。

79

璞瑄酒店

东城区王府井大街 1 号　010-5393 6688

㊻

像白纸一样充满未知的食物空间

㉛

#fff

朝阳区幸福三村五巷西口拐角

#fff 的原型是主理人范范和秋繁在自己家客厅开放的私厨，而在这个新的小空间里，范范希望能够带来更多关于料理和人与人之间连接的可能性——#fff 在设计中代表白色，一如他们刚见到这个原本是大红色墙壁的网红咖啡店时，就决定：先把它漆成白色再说。

#fff 并没有固定菜单和菜系，而是依据"飞行厨师驻地计划"邀请来的热爱烹饪的朋友提供的菜品而定。范范和秋繁还希望在 #fff 创造更多好玩的事，譬如用餐时使用的所有餐具都会在店内售卖，也会上架一些他们喜欢的烹饪相关的书籍，还会不定期邀请 DJ 来进行表演。店内的所有家具都是他们自己设计的，譬如木质椅子就可以直接挂在墙上。

王府井大街与五四大街交会处，坐落着北京璞瑄酒店。酒店与嘉德艺术中心共享一座建筑，外观由知名建筑师奥雷·舍人（Ole Scheeren）设计，兼具现代感与古典韵味，已然成为王府井大街上不容忽视的地标之一。

酒店内部的风格更加贴近自然，例如天井完全裸露在室外，同时被四周高墙环绕，室内植物随季节变化，令其如同胡同深处的宅院般兼顾了私密性和自然感。从酒店露台向西看，是历史悠久的望春亭与故宫，向东看，便是高楼密集的东三环。

移步异景的棋盘式空间

postpost 2.0
朝阳区幸福三村五巷菜店隔壁

在西边的羊肉胡同扎根 4 年后，postpost 的北京第二个空间毅然向东迁移，抵达三里屯。起名也干脆直接，就叫作 postpost 2.0。这个前身为工人食堂的封闭式建筑，有 7 米的挑高和三角形尖顶，主理人萧勇特别开了三扇窗，还加入楼梯与二层，让整个空间错落有致，有移步异景的效果。空间设计和被做成棋盘的餐桌一样，都是对"棋盘"概念进行呼应。

作为贯彻独立审美的混合空间，postpost 2.0 新增黑胶唱片，也在饮品和服饰上有所更新。区别于羊肉胡同店收录各类出版物，这里只有杂志和期刊，其中一部分是首次在中国书店出现。postpost 2.0 放大了展览这个板块，不再只为其开辟一个独立小房间，而是让展览属性的内容（比如巨大的纸质蘑菇）渗透进各个角落，仿佛在此生长而出。

81

坐落在酒店五层与七层的水疗中心"遥水疗"有着外形架构颇像太空舱的等候区，它让每一个走进去的人都不像是去做水疗，而更像是去更换自己身上的"机器元件"。

设计感十足的"暗黑餐厅"

⑧ 煤球 CHARCOAL

朝阳区三里屯街道幸福一村西里甲 6 号

你可能会以为店名里的"煤球"指的是整体以黑色调为主的室内设计，但实际上，是因为餐厅主打的是炭烤料理。餐厅中间是十二人长桌，四周则是卡座，内部还有弧形酒窖和开放式厨房，餐厅内的花艺亦相当独特精致。

整个用餐过程中的第一个惊喜，来自不起眼的开胃亚麻籽酸面包。面包搭配的三种黄油均为店内自制的，是别处难以尝到的新鲜味道。除此之外，炭烤的蔬菜也有着与众不同的新鲜甜美味道，而香橙巴斯克蛋糕则是许多人吃完之后会专门再点一份外带回家的意外之喜。

酒店提供更加多元的入住服务，比如八层中心就有别于传统的宴会厅，它拥有休息区、会议室、室外空间、图书馆，以及配备 Bulthaup 德国原装进口家具的开放式家庭厨房。至于为什么会有厨房——"也许半夜有客人肚子饿了，想起来给自己做点吃的。"

用日料手艺烹饪闽南风味

⑧ D27³

东城区东直门外大街 27 号三层

D27³ 的餐食可以拆分成三个元素：闽南的食材、法式摆盘，以及日式料理的烹饪手法。使用福建当地白芦笋做的一道菜特别让人惊喜，日式料理经常使用冰水漫泡鱼肉，以此获得爽脆的口感，用这种手法处理过的白芦

82

笋韧性更佳。

晚上 9 点以后，D27³ 会变换灯光与音乐风格，化身大型 pub 与烧烤夜宵场，提供日式烤串。店内还有不少日本题材的雕塑，但把风神放在室内祈求风调雨顺，背后依旧是福建人"与神为善"的生财之道。

一切从咖啡豆开始延伸

⑤

Le Seeds Coffee

东城区东扬威街 11 号楼 1-2 室

不大的空间里，所有软装几乎都是黑灰配色，给人一种更适合做酒馆的感觉。但从随处可见的 logo 来看——两颗咖啡豆，以及两只相握的手中长出幼苗——主理人多多对咖啡豆很有自己的要求。她在制作美式时使用了独特的过滤方式，让咖啡口感更加纯粹、干净。店铺的 logo 中还包含了 patisserie（法式糕点）这个词——主理人以前是法式甜品师，所以你大可相信这里的甜品质量。

酒店客房内木质家具随处可见，典雅古朴的深棕色与极具现代感的纯白色融合得恰到好处，使房间既充满古韵又不显陈旧。客房各个空间的划分清晰有序，其他空间与卧室之间均有推拉式落地门相隔。部分客房内还能纵览紫禁城景观。

璞瑄两家广受好评的餐厅左岸与富春居分别提供西餐与粤菜，前者获得米其林餐盘推荐，后者则于 2019 年起连续摘得米其林一星。左岸的室外露台所有位置皆面朝景山，幸运的话，傍晚用餐时还可能看到月亮从前方升起。

不再是形而上的贵州融合菜

87
席上喳喳
朝阳区建国门外大街 17 号 28 号楼 2-105

不再只是让地道正宗的中国西南食物融合地中海的饮食精神，稳扎稳打三年后，席上喳喳决定在菜品上做出更深度的融合，因此建国门店的菜单和之前西兴隆街的那家完全不一样。

给土豆泥提味的不是黑椒鸡汁，而是来自贵州腊肉的烟熏风味。一道糯米辣椒用西班牙 tapas 的样貌呈上来，红色的甜椒包裹着糯米，底部用来解腻的面包同样也被一片贵州腊肉取代。至于甜品，浸润提拉米苏蛋糕胚的是主理人从家乡带来的米酒。店内提供的酒类也非常值得一提，除了各式米酒特调，还专门开辟了酒柜，从葡萄酒、清酒、烧酒到自然酒，柜中一应俱全。如果依旧不能满足需求，建国门新店甚至支持自带酒水。

世涛和浓缩一起喝

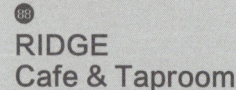

88
RIDGE
Cafe & Taproom
朝阳区建外大街 17 号院秀水南街底商

狭长的空间两侧都开窗开门，让白天身为咖啡馆的 RIDGE Cafe & Taproom 拥有好采光。这里晚上则变身精酿酒馆，让工业风格的门

王府半岛酒店
东城区王府井金鱼胡同 8 号   010-8516 2888

86

王府半岛酒店的前身是著名建筑师张国言操刀的王府饭店，1989 年开幕，后于 2006 年经历大修，把原先的 525 间客房和套间减至仅 230 间，因此新客房面积最少也有 60 平方米，算得上是北京最宽敞的酒店客房了。

从酒店的传统中式牌楼步入三层挑高大堂，会被宫廷式的楼梯和周遭的艺术品吸引。紧邻的半岛精品廊也值得一逛，路易威登、香奈儿和爱马仕等奢侈品牌的首间中国旗舰店都落户于此。

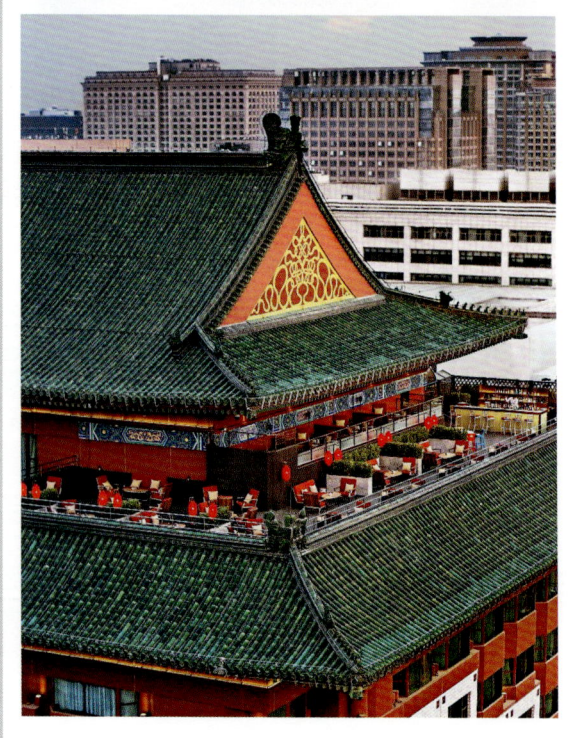

84

头和迷你吧台桌发挥魅力。不过，酒头们休息时，精酿元素却融入了咖啡菜单。咖啡世涛阿芙佳朵，可以让客人体验把浓缩咖啡和世涛啤酒同时倒入的快乐，两种"苦味"撞上香草冰激凌，口感层次丰富。

新鲜、友好的社区店

⑧⑨
福福 Fufú
朝阳区建国门外大街 17 号 28 号楼 2-109

在福福 Fufú 自己的描述中，这是一家 bistro 风格的社区店，从悠闲的 brunch，到与朋友共度的下午茶时光，再到"深夜食堂"，均可在这里得到满足。店内以意大利佛卡夏和西班牙 tapas 为主，可爱之处是会在菜单上加入形容词：有像"新鲜的布拉塔黑松露佛卡夏比萨"和"勇敢的土豆"这样的菜名。略显拥挤的座位从另一个角度看，则是拉近了人与人的距离。

每间客房都设有迎宾巧克力和礼盘，使房间味道清香的鲜花则来自酒店的专属地下花房，会根据时令为住客提供不一样的花艺。随处可见的智能显示屏不仅能调节灯光、温度等，还能获取周边信息及清洁服务。

至于就餐，可以品尝到经典粤菜的凰庭中餐厅和凭借考究法餐三度摘得米其林一星的 JING 餐厅都是好去处。别错过酒店 15 层的半岛雲景廊，不仅因为专业调酒师团队精心设计的酒单，更因身处于此地低头可见街景，抬头可看到都市里难得开阔的落日景色。

颐和安缦

海淀区颐和园宫门前街 1 号　010-5987 9999

创始于 1988 年的安缦（Aman），在梵语里是"和平与安静"之意，其选址一贯偏爱原生态环境，并注重融入当地文化。坐落于颐和园东门的颐和安缦便很好地佐证了这一点，这里原是颐和园的一部分，清代年间慈禧常在此地招待到访的使臣，因此几重院落并不贯通，私密性有很强的保障。

颐和安缦秉持"修旧如旧"的理念,在改造时尽量保持明清韵味,对见惯大理石台面与现代水晶灯的人来说,此处私邸一样的氛围会带来别样的感动。颐和安缦的前台是典型的中式客厅风格,楠木门窗、明制方桌、罗汉长塌等均颇具古意。

在颐和安缦的长廊中散步,是填充度假时光的好办法。或者去文化馆,这里在不同时间有数十种非遗手工艺课程可以观察与学习。此外,颐和安缦还为客人提供地下私人影院、室内镜面长泳池、专业普拉提教室等多种选择。

颐和安缦虽占地约 28,000 平方米，却仅设 51 间客房，各个房间私隐性极佳。客房整体风格古朴，软塌、帐幔、屏风及四帷柱大床无一不复古，现代家具隐藏在木柜门后，使房间古韵十足的同时不显压抑。

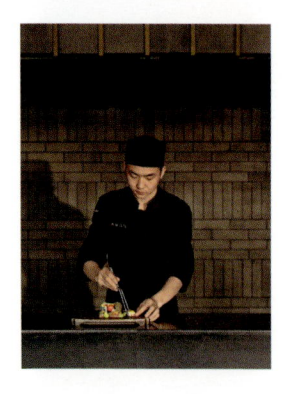

酒店用餐处之一是御膳牌匾下的绿盎扒房，主要提供西餐。前菜中较开胃的一道当属烟熏三文鱼配什锦沙拉和牛油果，三文鱼厚度适中，方便入口；主食中南瓜泥烩饭配黑松露米粒硬度刚好，分量偏大。另一处是特色日料厅 NAMA，nama（なま）在日语里意为"生、鲜"，故此处更注重食材的本真味道，寿司和生鱼片是常点的招牌。

每一位入住的客人都不会错过这项享受——在开放时间段随时出入颐和园。办理入住时可以和前台预约这项服务，身穿中式制服的工作人员会提前准备好颐和安缦特别定制的地图（标注了颐和园里重要景点的名字和所在方位），带着你一路来到红色角门处，打开铜锁，邀请你通过颐和安缦的专属通道进入这座以江南园林为摹本的皇家园林博物馆。

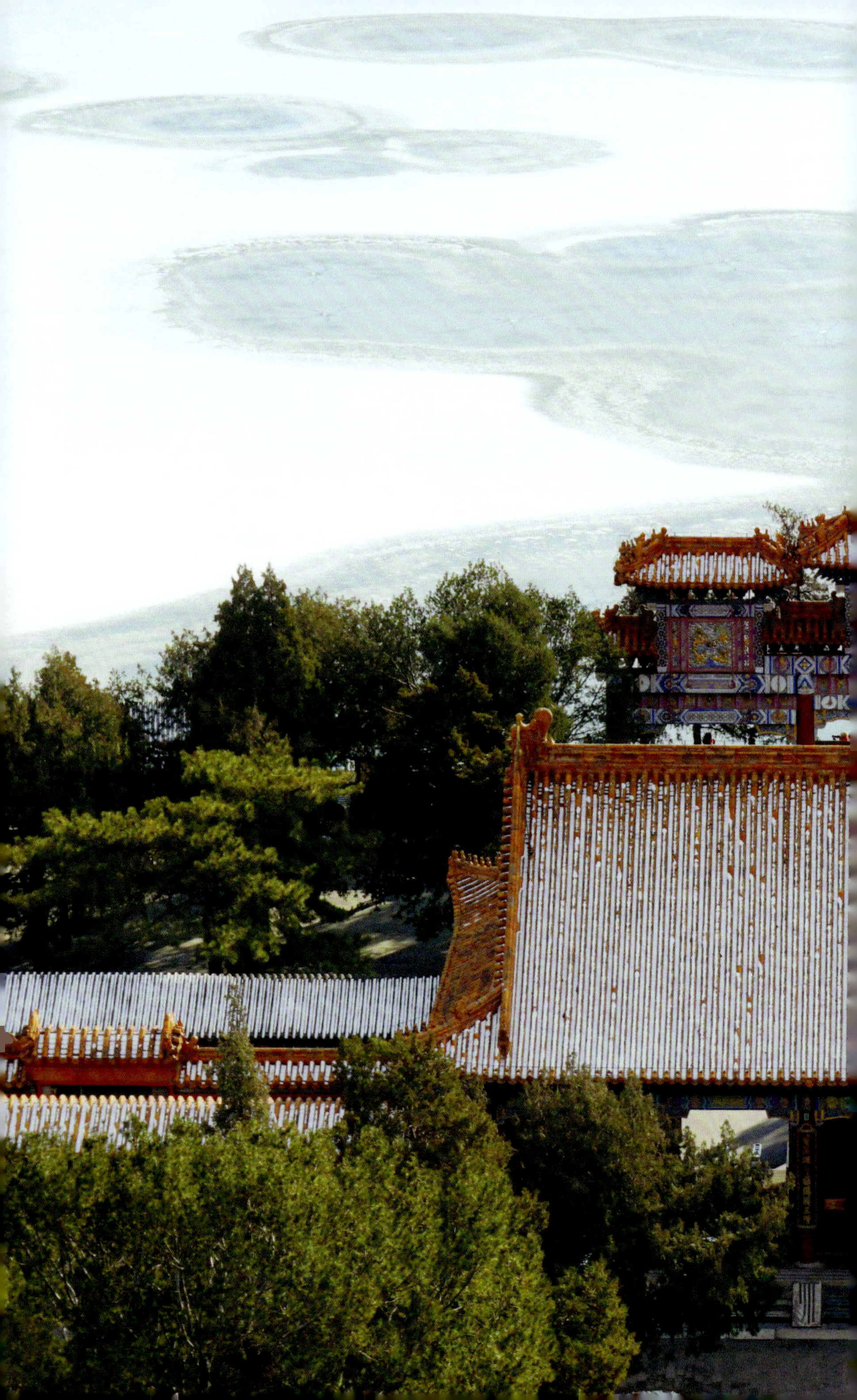

颐和园昆明湖

骑行 Cycling

客观地说，北京并不天然地适合骑行：城市太大，道路太宽，汽车太多，车速和生活的节奏一样快。大部分人骑上自行车，是为了解决从地铁站到家"最后一公里"的痛点。

然而，从另一个方面来说，北京又如此适合骑行，是国内自行车道路系统最完善的城市之一。在那些汽车挤不进去的胡同里，藏着的神秘小店，最适合骑上自行车缓缓抵达。再比如，对刚刚整修完的亮马河沿岸来说，开车或散步都成了一种浪费，迎着凉风骑行路过才是最理想的享受方式。

骑行逐渐成为北京城市生活方式的一种。除了是一项让你走出家门的有氧运动以外，它还代表着，骑在车上终于能够以另一种时速、另一种视角，融入这座城市的大街小巷，并且抵达比之前更远的地方。

zhehow 的这辆"死飞"（fixed gear，固定齿轮自行车），从他大四那年到今天，几乎所有零件都换了一遍，变成了"忒修斯之车"。车上来自不同车店的贴纸也记录着北京死飞文化的过去，到今天，这些店已经悉数倒闭，而他也因为年纪渐长，终于在 2022 年给车装上了闸：一是为了安全，二是因为靠脚蹬刹车太伤膝盖。

zhehow

影像工作者

对于在北京骑行，zhehow 有自己的一套理论：北京最适合骑行之处在于雨水少，从春天到秋天，骑车时都能感受到扑面而来的风。

在他的理论里，骑车时有风是最重要的因素。譬如在炎炎夏日，路过临街商场大门时，被一阵空调冷气扑过，会有"浴火重生"的体验；再譬如，在宽阔工整的街道上，死飞的传动效率能提供一种和骑摩托车相近的"贴地飞行"之感。

比起大学时沉迷死飞的竞速和花式技巧，现在的他更多地把骑自行车当作日常的一部分：出门吃饭、见人、喝咖啡，以及在想出门的日子里，比别人吹到更多的风。

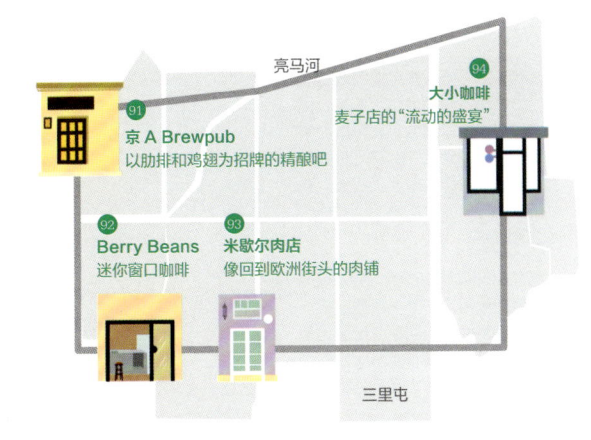

亮马河

91 京 A Brewpub
以肋排和鸡翅为招牌的精酿吧

94 大小咖啡
麦子店的"流动的盛宴"

92 Berry Beans
迷你窗口咖啡

93 米歇尔肉店
像回到欧洲街头的肉铺

三里屯

JOJO

指人儿乐队 /
LockerRoom 洛克屋主唱

JOJO 和男友都是复古钢架车的重度爱好者，男友在做乐队之余还写了多年的自行车相关内容，两人一起组建了"Steel Rangers"俱乐部，从各地淘来不同的组件，然后再根据朋友们的需求和喜好"攒"出来一辆又一辆与众不同的自行车。

JOJO 现在骑的 3RENSHO 古典公路车几乎和她年龄一样大，车架纤细而流畅，骑上的体验也并不输给新车。她的手套、头盔和骑行服都充满复古风格，许多都是从世界各地淘来的 vintage 单品。

在她看来，自行车可以很好地和你的其他各种爱好结合起来。譬如你喜欢中古服装，大概就会开始收集 20 世纪 70 年代的骑行服，而假如你喜欢手工皮具，也可以为自己的车打造一些独一无二的配件。

翻看 JOJO 的朋友圈，会发现她几乎每天都在户外，和朋友们一起：她和她的钢架车会随机出现在戒台寺、后海、通州大运河的骑行路线上，她也会玩飞盘、划桨板或打羽毛球。

---

95 八步咖啡
处处是细节的日式温暖咖啡

故宫角楼
骑行爱好者们最爱的打卡地

三里河公园
在北京找到"水乡"的感觉

96 散步去
藏在护城河居民区里的咖啡店

十几年前，Justin 来到北京时，这座"自行车王国"正在没落——机动车正在蓬勃发展，占领车道，但他依然一落地就买了自行车，因为"骑行是美国郊区长大的小孩必修的功课"。

他当时住在五道口，在北京语言大学上语言课，步行上课需要二十多分钟，而在拥堵的成府路上坐公交车比走路的时间还要长。"那段时间，骑车能给我巨大的自由感——因为我总能从那些堵住的汽车旁边呼啸而过。"

97 PRINCIPLE M
Justin 主理的西装定制店

98 八剑传
吹着河面的风吃烧鸟

亮马河沿岸
北京最适合散步、放空和骑行的 800 米

99 VINVINO 萬久
停下来喝一杯的好地方

Justin
PRINCIPLE M 主理人

2008 年，他从五道口搬到东直门，才第一次感受到北京的无序——地铁、出租车、公交车出行都显得十分费力，当时十号线尚未建成，也没有"花里胡哨"的打车 App。不过，骑上自行车，他才突然意识到自己离三里屯、鼓楼和 CBD 如此之近，在这座平坦的城市里骑上七公里是件很简单的事，并且不需忍受可怕的地铁换乘。

Justin 现在的复古自行车是某一年妻子送的生日礼物，这辆车对他来说是完美的通勤车，因为他自己经营着一家西装定制店，也常常穿着西装和复古服装骑车——至少在风格上，这辆自行车无可挑剔。

看展 Exhibitions

无论城市如何更新，美术馆仍然是接触艺术作品的最佳场所。作为大众与艺术之间的桥梁，它天然地在城市中承担起其他空间无法替代的功能，逛美术馆也成为一种视觉上的享受。每个城市的美术馆会染上城市的底色，通过在地艺术家、馆方和策展团队，观众也可以了解到一座城市的性格。美术馆提供了另一个看见生活的角度，接触作品的同时也是在触碰城市更核心的精神区域。

漫步此间都是一种享受

松美术馆

松美术馆的名字源于园区内 199 棵形态各异的松树，从踏入园区的第一步开始便能感受到整个园区的精致。修剪得当的草坪和状态完美的松树分布在整个园区的各处，建筑错落在植物之间。整个园区非常规整，以长方形呈现，成为温榆河畔的中式光景。

松美术馆分东西两片区域，西区的主展馆由设计师周光明设计，纯白的极简建筑被绿色环绕。咖啡馆和另一座稍小的展馆则设在东区，东西两区的展览也有所不同，东区的展馆会呈现相对更年轻的艺术家作品。这和松美术馆的创始理念有关：松美术馆自 2017 年开放至今，一直着眼于青年艺术家的发展，这种努力带来了更多具有实验精神和创造力的作品，被展现在这个平台上。

顺义区天竺镇楼台村格拉斯路

温榆河畔的标志性松树

砖墙内外，随形制器

红砖美术馆

当马克龙出现在红砖美术馆参加"中法文化之春"的开幕式时，这座红砖建筑再度出圈，引发所有人的关注。这亦从侧面反映了美术馆之于民众变得越发重要，它是艺术与大众间的桥梁，美术馆相较以往承担了更多大众美育的功能，红砖美术馆回应了这种期许。红砖美术馆曾呈现过诸如安尼施·卡普尔（Anish Kapoor）、奥拉维尔·埃利亚松（Olafur Eliasson）等享誉国际的艺术家作品。

红砖美术馆由设计师董豫赣操刀，在设计时，白居易曾说的"随形制器"成为一种理念，融入红砖美术馆的空间，展馆被分割成了若干部分，而每一部分都带着改造前的细节。不仅是建筑，红砖美术馆的庭院也带着中式园林的特点，四季不同，观众亦能在此欣赏各不相同的美景。

朝阳区崔各庄乡何各庄村顺白路马泉营西路路口西100米路北

砖墙建筑的艺术

伴随中国当代摄影成长

三影堂摄影艺术中心

中国当代摄影的符号

与其他美术馆不同，三影堂专注于通过展出摄影作品叙事。作为国内首家以摄影作为主要展览内容的民间机构，通过十余年的发展，它已成为中国当代摄影艺术最重要的平台之一。在北京谈及摄影展，自然而然地便会想到三影堂。

三影堂所在的草场地艺术村远离市区，崔各庄恰到好处的"荒凉"让美术馆天然带有更多思考的空间，也让观众有更多精力放在作品本身。中间的庭院是供观众展后闲谈的区域，气温适宜时，经常可以看见小憩的人坐在草坪上享受日光。

朝阳区草场地 155 号 A

99

城市之外，艺术中间

中间美术馆

生长在
西五环的
艺术场馆

北京多数美术馆都坐落于东边，中间艺术区是西五环外不可替代的一片艺术区域，这里已经汇集包括中间美术馆在内的数座建筑，这片小而美的艺术园区，是西边闹市区外的"桃源"。

中间美术馆作为一家非营利性质的美术馆，十余年的发展经验让它摸索出了自己的运营理念，在这片曾经是锅炉风机厂的工业园区之上，产生了新的思考。三层共达2600平方米的展厅面积，呈现了诸如徐冰等艺术家的沉淀，让更多民众接触到了艺术。

海淀区杏石口路50号中间艺术区

"希望的原理"展览现场

"巨浪与余音——重访1987年前后中国艺术的再当代过程"展览现场

"文化符码——王友身的旅程"展览现场

藏在巷子里的苏式园林

10

南池子美术馆

经常会听见有人说南池子美术馆有些难找，在北京，苏式园林本已少见，而藏在普渡寺西巷的拐角，更是让南池子美术馆带着几分"神秘"。踏入稍显窄小的门扉，园林便能得以一窥，流水庭院间，这园林本就是艺术，在艺术之上而建艺术馆，是一种巧思。

整座院子并不算小，在中庭的苏式园林旁边便是美术馆主体，传统的中式建筑里设有两层展厅。美术馆在 2021 年进行了扩建，现在展厅面积已经达到了 1500 平方米，足以承办大部分展览。隐藏在巷道深处的美术馆，并不仅局限于展示中式美学，每个策展团队都成功地在这个园林中展出了来自世界各地的艺术家妙想。

东城区普渡寺巷 21 号

庭院楼阁
藏于内城中

当代艺术地标

10

UCCA 尤伦斯当代艺术中心

如果列举北京最重要的几个美术馆，相信不少观展者的选择中都有 UCCA。它是 798 艺术园区最重要的组成部分之一，自 2007 年创始以来，举办艺术展 16 余年，已经成为一种标杆，它也是最早开始承担公众美育功能的私人当代艺术博物馆。包括毕加索大展在内的很多展览都有不同程度的出圈，让不关注当代艺术的人也开始好奇"美术馆"这三个字。

接触当代艺术的重要场域

"莫瑞吉奥·卡特兰：最后的审判"展览现场

持续为观众带来优质展览是UCCA一直深得喜爱的原因，或许出发点略有不同的观众都能在此获得满足。针对不同的展览，UCCA也经常举办舞会、派对等丰富的活动，在艺术与商业两方面做到了均衡，是一个名副其实的复合空间。

朝阳区酒仙路4号798艺术区内

"成为安迪·沃霍尔"展览现场

"马蒂斯的马蒂斯"展览现场

103

禁止攀爬

隆福文化中心庭院

HIDDEN GEMS
宝藏角落

人们热爱城市的理由,不只因为它的人来人往、高速更新,更重要的是在某个瞬间的触动:一片水面、一段声音、一种气味,或者是转角处豁然开朗的风景。

北京并不缺少这些"宝藏角落"。虽然在社交媒体快速更迭的信息流中,一座城市很难拥有真正难寻的地点,但对于生活在北京这样错综复杂的城市的人来说,发现能够为自己带来治愈和轻松感的角落,仍然会是一种如获至宝的体验。

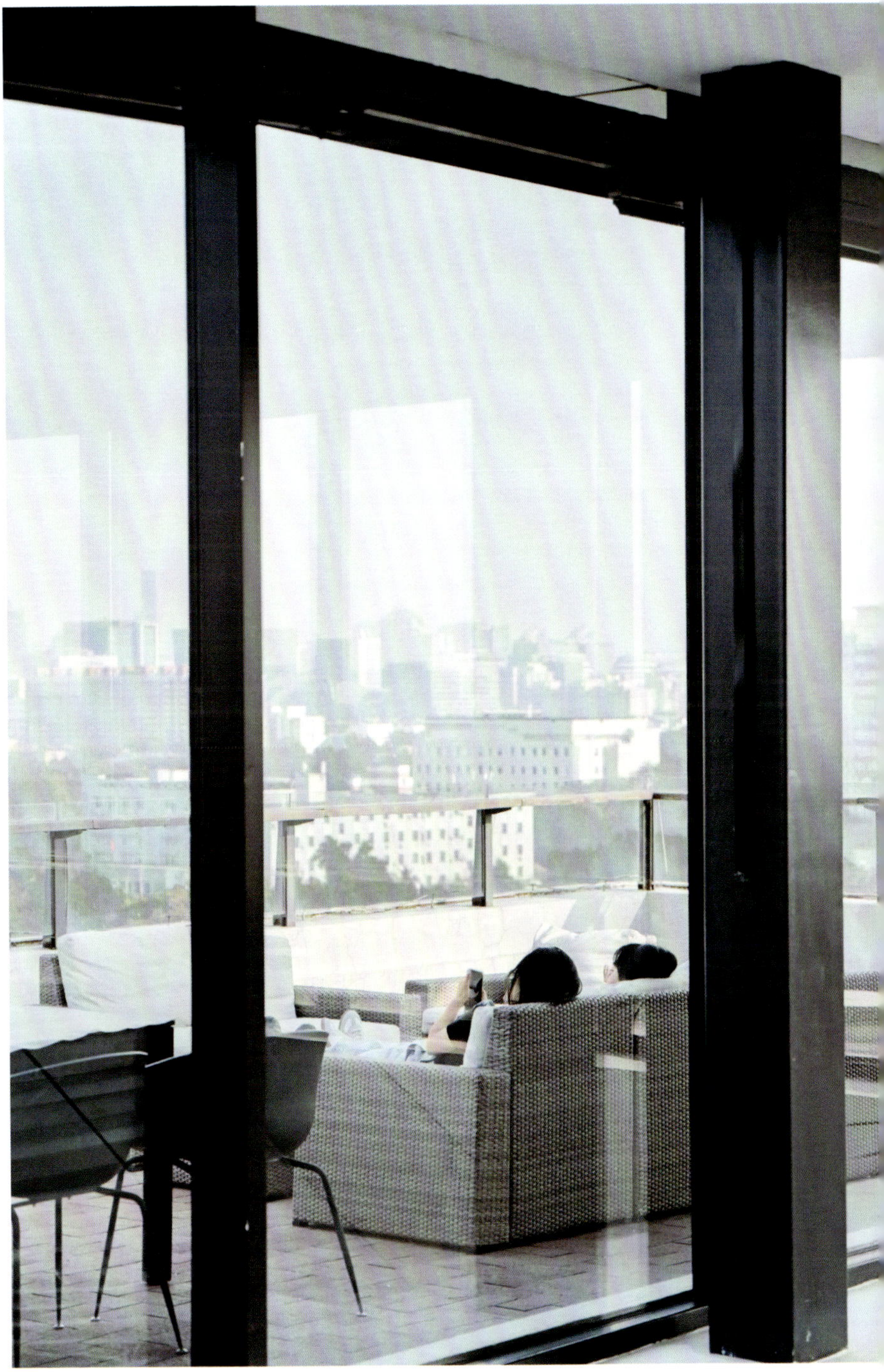

由马岩松创立,并由他和党群、早野洋介共同领导的 MAD 建筑事务所,其北京办公室从没离开过东四胡同区。从板桥南巷搬到马路对面的园区后,这里还拥有了一个宝藏角落:顺着贯穿 3 层的楼梯直奔 9 层天台,可以观看 360°没有遮挡与死角的北京天际线。

比起传统的工作空间,MAD 的办公室更令人感到自在和自由。首先是空间上做到了最大化的打开,把曾经传统的格子间办公室全部打通,内部空间几乎没有门(除了厕所),就连偶尔需要一定密闭性的会议室都选择用门帘来完成隔断。

其次是绿植填满了空间,一眼望去,觉得建筑师们在"森林里工作"。MAD 的景观设计师用尽可能多的绿植种类,在室内空间打造出了"丛林的感觉"。

各个角落里还摆着风格虽不统一、但都很好看的家具。大师经典款不可少,也会有很难找到第二件的中古家具,以及 MAD 自己的家具作品,比如肉垫地毯(Niku Rug),它是马岩松在 2015 年为原研哉策划的展览而做的设计作品。

除了风景"奢侈"的天台，在 7 层与 8 层的办公区，得益于全空间打通与大量开窗的设计，北京城景观的不同截面变身为 MAD 办公室的装饰画。

MAD 建筑事务所办公室

认知度虽不及相邻仅有一百米的鼓楼，但钟楼才是北京城中轴线的北终端。二者之间的广场经历了改造，如今是附近胡同居民喜爱的公共活动空间，也是年轻一代渴望老北京味时的"解馋之地"。比如"要想吃炒肝儿、鼓楼一拐弯儿"的姚记炒肝，几十年来就还在原地。

故宫

银河 SOHO

颐和园佛香阁

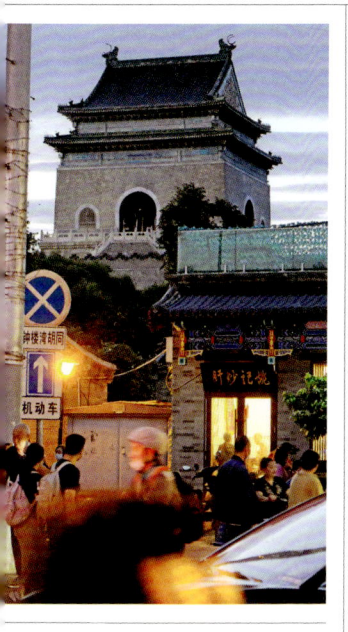

国家游泳中心和国家体育馆

在胡同更新的浪潮中,老旧厂房变成了综合性园区。金台·共享际的原址是"上海大口",如今园中有小剧场、书店、创新商业空间等各类场所。登上咖啡馆 Storyboard Coffee 的露台,还可以看到夕阳洒向不远处的鼓楼和一条条胡同。

赵府街 20 号金台·共享际露台

钟楼

摄影：侯特

颐和园乐寿堂

颐和园乐寿堂曾是慈禧太后居住的地方,院子里的"青芝岫"是颐和园内最大的一块太湖石,其底部浮雕呈现出海浪的纹理,仿佛包裹着一种内陆城市对于海洋的持续渴望。

摄影：张紫阳

罗红摄影艺术馆

玉渊潭樱花中的中央电视塔

望京沟从来都不是条让人愿意驻足的河流，但经过 2019 年以来的水体治理，岸边绵延数公里的海棠花终于盛开。当河面撒满海棠花瓣，前来拍照打卡的年轻人也许并不清楚，这是附近居民、街道、相关部门共同参与的城市更新成果。

望京南地铁站 B1 东北口附近

罗红摄影艺术馆常年展出着世界各地的自然风光，本身也拥有精心设计的东方园林景观。在水雾飘渺中，偶有天鹅和锦鲤游过，山石与松柏的轮廓仿佛也发生着变化。

摄影：孟桐竹

北海公园白塔

天坛公园的二月兰花海

除标注外其他图片摄影均为侯特

115

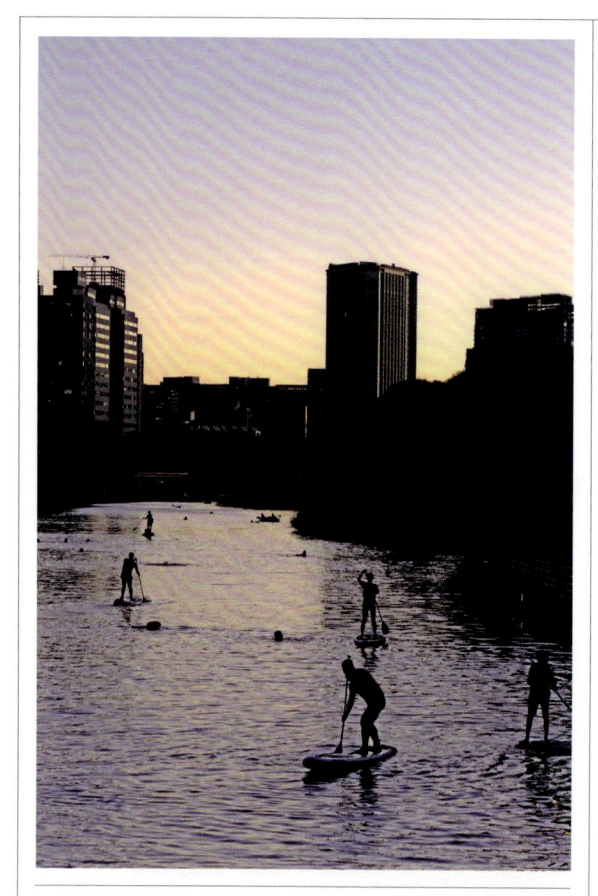

白塔寺

皮划艇和桨板并不是亮马河上的传统运动，但在当下已经成为一种既能贴近自然又能兼容时髦的生活方式。亮马河的河道复兴尚未结束，这座城市的水系会变得越来越开放、包容。

亮马河

郎园 STATION

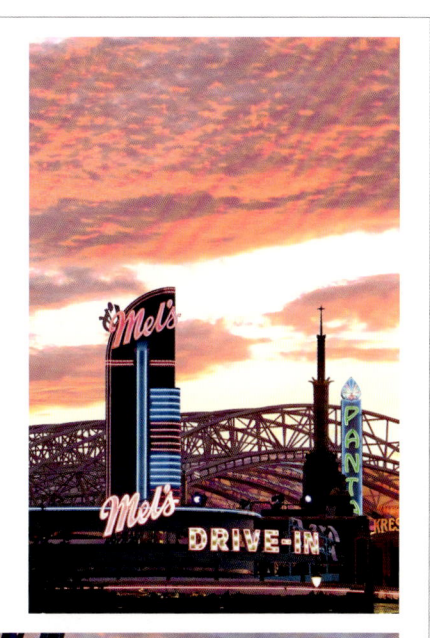

北京环球度假区

本页所有图片摄影均为侯特

117

摄影：侯特

北京中央商务区

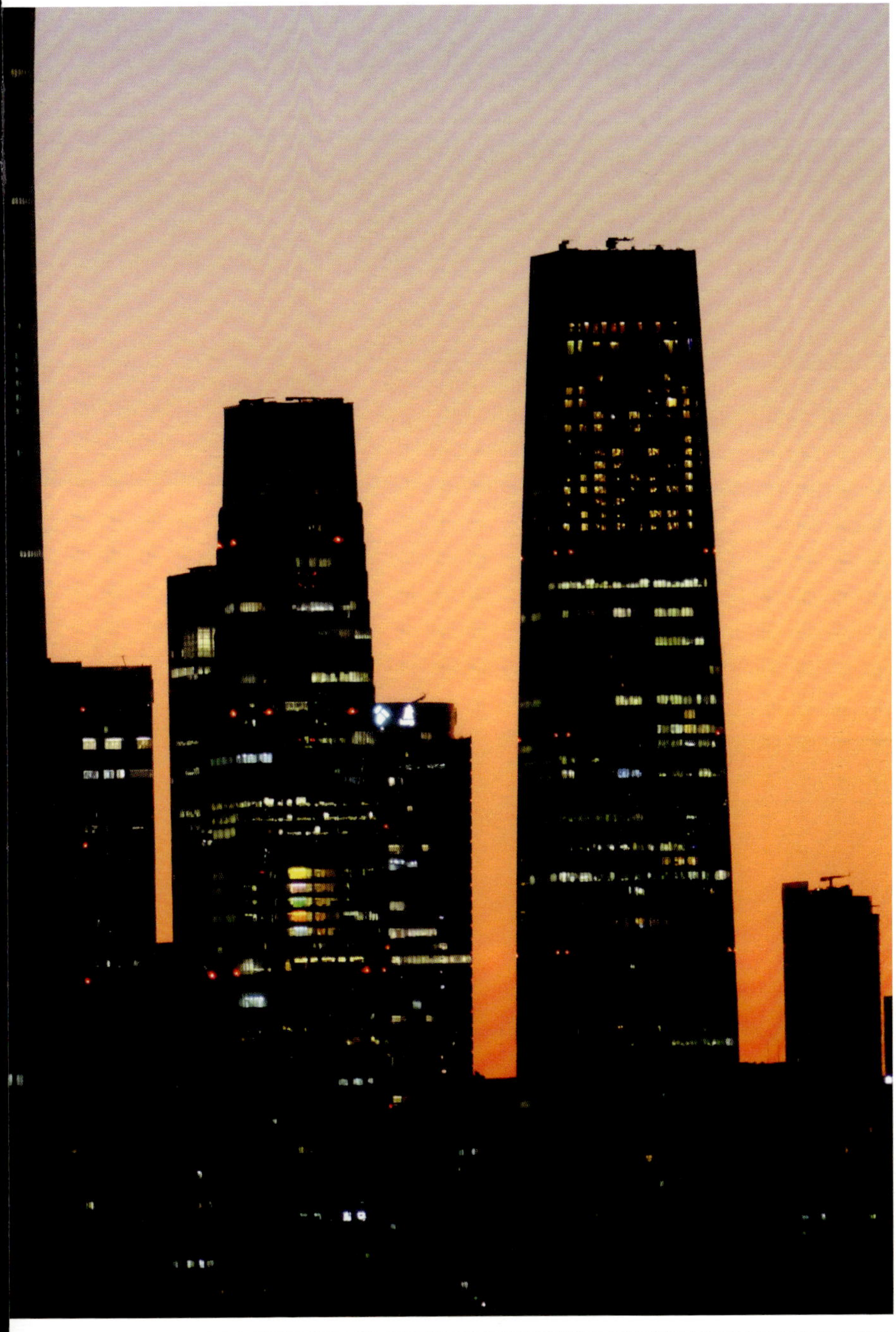

华贸中街

西兴隆街

白塔寺

白塔寺街区的更新中,越来越多的咖啡馆努力打造舒适的露台,让来客能以白塔寺为背景度过一段悠闲时光。但走进附近胡同,北京生活的另一种底色才能显现。

西店记忆文创小镇

西郊线颐和园西门站

北锣鼓巷

本页所有图片摄影均为侯特

121

郎园 STATION 的前身是北京纺织仓库，改造后这里成为多元、丰富的新型园区，但瞭望塔、岗楼、避雷针、加油站等建筑元素被保留下来。在恰当的运用下，它们成为这里真正令人感到惊喜的标志。

郎园 STATION

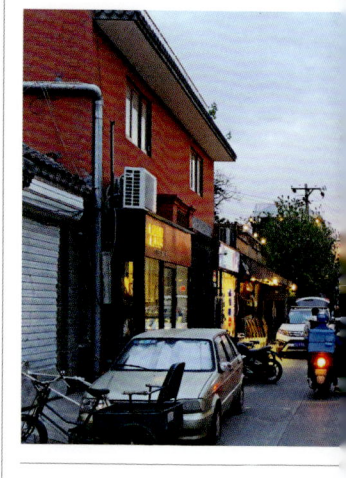

五道营胡同

三井胡同

智化寺与银河 SOHO

智化寺是北京保存最完整的明代木构建筑群，同一个街区内，北京现代地标之一的银河 SOHO 在五百多年后建成，它们共同构筑了一种也许只有在北京可见的古今同框。

望京熊猫

三里屯太古里南区

颐和园长廊

颐和园昆明湖

环绕紫禁城的护城河，在角楼转弯，形成了一个在北京没有人会拍不好看的宝藏角落。

故宫角楼

欣赏这座由马岩松和他带领的 MAD 建筑事务设计的"墨色山水"——朝阳公园广场及阿玛尼公寓建筑群，最佳角度在朝阳公园的湖边，大楼像是两座山水画中的奇山异石，立于湖面之上。

朝阳公园广场及阿玛尼公寓建筑群

北京中央商务区

125

摄影：张紫阳

新北京工人体育场

从永利国际的顶楼酒吧俯瞰北京的城市夜景，无数星星点点的高楼光显得无比寂寥，但在新工体这座巨大的清水混凝土建筑中，可能正在举办一场激烈的体育竞赛。

ONE MORE REASON TO LOVE BEIJING
多一个爱北京的理由

在关注设计理念和品牌表达如何影响北京城市更新和生活审美的同时，我们的观察视角也自然地更多投向了在北京持续创作的建筑师、设计师、品牌主理人、媒体行业从业者、艺术家和音乐人……

他们提供的创意，塑造了北京不断变化的城市生活。同时，北京也激发了他们的灵感。几乎所有人都认为这座城市能让创意高密度地聚集和诞生，并且任何更新都会让当下的生活和历史文脉产生联系，带来差异化的审美和生活观念。

他们在此分享了自己对北京的情感，他们至今依旧选择在北京生活、工作的原因，以及在 2023 年，继续爱北京的理由。

这座原本就多元、包容的城市会驱动创作者丰富这里的城市生活，这本身也是"另一个爱北京的理由"。

马岩松
MAD 建筑事务所创始人、合伙人

在我看来，设计和文化是创新和改变，这就要求人们有自己的批判和独立的见解，但这个在中国目前是比较缺失的。建筑是可以把北京重新与自然、与每个人连接在一起的媒介。比如我们做过一个项目叫"胡同泡泡"，把有着光滑金属曲面和具体功能的泡泡插入四合院，乍看与周边建筑格格不入，但它把院子里古老的建筑，以及树木和天空都反射在表面上，历史、自然，以及未来并存于一个梦幻的世界里；自身也通过这种反射，消隐在传统的四合院里。这些泡泡也具有"繁殖"的可能，可以被放置在任何位置，它像磁铁一样改善生活条件、激活邻里关系。

新北京的样子，需要我们去思考。我很关注"居住"这个话题，百子湾公租房是我们第一个社会住宅项目，在这个项目里我们提出"新居住"的概念，是对居住的进一步反思和创新，也在倡导生活尊严和社会公平。所以我们打开了社区的围墙，将居民生活和城市连接，做了很多绿化空间和公共配套设施。公租房的容积率一般都比较高，我们就把建筑设计成三岔式，把走廊放在北边，这样每个房间都基本能满足东西南各向的日照。

其实最初北京是环绕着湖泊和花园规划的，虽然是人造的，但都很好地将美感和功能交织在一起，给人被青翠景观环抱的感觉。但现在北京的特征逐渐变成高楼、汽车和灰色的天空，城市的灵性和意境都没有了，还有胡同和四合院这些老北京的血脉，正在经历肌体的衰退与功能的紊乱。我童年是在北京的老城里度过的，那个时候每个四合院里都会有一棵大树，上学要经过景山、北海，夏天在什刹海里学会游泳，冬天就到故宫护城河上滑冰。现在回想，这么一座大城市的中心里有山有水有桥，挺乌托邦的，这也是北京有别于其他城市的独到之处。

▶ 回到 108 页，看看他创办的 MAD 建筑事务所

那林呼
艺术行业从业者、画家 肇须有工厂主理人

创意对于北京的城市更新而言是动力，一个城市里没有文化的东西，不是太政治，就是太商业，不管哪种都会很无聊，因为统一和机械的东西是千篇一律的，也不会带来变化和更新。

红砖美术馆是我心目中有意思的北京建筑。我是看着它建起来的，一开始以为是哪个艺术家"魔改"的工作室。但其实作为场馆，很多建筑都要平衡使用成本，红砖美术馆还是把设计放在第一位的。

爱北京是因为北京会让你觉得有很多的可能性跟潜力，但是你又不能轻易地得到它。它生活里有非常粗粝的一面，也让我觉得还要继续战胜。

Filip Galuszka
设计师，建筑师
JANG Studio 主理人

2012 年我从波兰西里西亚来到北京，也把我父母于 1985 年成立的家具制作品牌 JANG Studio 带到了中国。我们参与了很多北京餐饮和零售空间的设计与升级，比如 ANCHORET，设计作品也到达过 RADIANCE-Blue、Temple 东景缘等不同类型的空间。我的室内设计通常会给人探索空间的欲望，也注重对建筑材质的展露；而在家具设计中，对于颜色的运用和细节的展现是我比较关注的方向，希望它们可以陪伴使用者足够长的时间，是不会过时的设计。总之，我会想为这片亚洲土地带来一点"欧洲性格"，这和我的成长环境有很深的关系。

从一开始，我就迷恋上了北京迷宫般的胡同，那里有真实的生活、独特的质感和气味，尤其是天安门附近的旧使馆区一带。除此之外，北京还有一些能让我想起波兰的地方，比如那些建于 20 世纪 80 年代的、比例优雅、有着精美外观和色彩鲜艳细节的小型建筑，它们如今对大众来说是隐形的，或者不被喜欢的。

爱是一个太大的词了。我想我是习惯了喜欢这座城市，我的家在这里，女儿很快要在北京上幼儿园了。

▶ 回到 54 页，看看他设计的 ANCHORET

李冠儒
设计师，L3 Branding 创始人
Jetlag Books 合伙人

创意和设计是城市更新的先驱和最外在的表现。我上学的时代，关于中央电视台总部大楼的负面评价会比较多，自己当时也没有那么强的判断力，出国之后才觉得它非常了不起。它不受欢迎是因为大胆的程度打破了很多原有偏见，颠覆了很多传统认知。它和周围地貌的割裂，以及那种强行植入的感觉，反而拓宽了大家对建筑的理解。这对北京的促进作用是很大的。

爱北京的理由？公平刚刚好吧。这里提倡明刀明枪的公平竞争，但是也没有丢掉人情味。

至于设计，在占比 5% 的小众和前卫的设计领域，北京是很超前的，和上海乃至很多国际上的都市都没有什么区别。剩下 95% 的大众领域，脱节比较严重，我们替很多大流通的商品，以及快消做设计，希望能用设计来缩短这 95% 的差距。

▶ 回到 43 页，看看他设计的山海四合 by Jetlag Books

马弋初
创意内容生产者
OCDC 视觉艺术创作团体创始人

OCDC 是设计工作室，也是围绕设计展开的实验项目，这种先锋的、当代的表达，能够扎根在胡同里去做，更有趣，更冲突，也会让我心里更踏实。

治理拆墙打洞之后，胡同可能没以前那么有意思了，但依然是我最喜欢去溜达的地方。虽然像五道营和南锣这些全国各个城市都能找到替代品的巷子已经让人有点审美疲劳，但如果你是一个善于挖掘的人，会发现现在的胡同里仍然深藏着一些宝藏，正在复活，值得去淘一淘、逛一逛。

Temple 东景缘有一个詹姆斯·特瑞尔（James Turrell）的永久展览 Gathered Sky。这不单纯算是一个建筑或是一件设计，是艺术家的装置在建筑里形成的场景让我感觉很好。每天日出和日落的时候是展览时间，其他时间不开放，可以躺着或者坐在那儿，观察天空在灯光装置带来的视觉误差中呈现的奇妙变化。

爱北京是因为我觉得我或者 OCDC 或者我所做的各种事情和北京都是同类。如果把北京这个城市拟人的话，他是一个有自己鲜明个性，又可以很多元、很包容地与其他个性愉快相处的人——尽管由于种种原因，这种包容度近几年略有下滑。

饼干
ARCH、CHIC、福福 Fufú 创始人

让旧址重新被使用，并且纳入当代的生活场景中，是"更新"的实际意义，也是只有设计能做到的事情。

做 CHIC 这家店的时候，我们改造那里的墙，担心拆得太狠房子塌了，所以边拆边修缮，一共花了 8 个月的时间来做这件事。过程中拆出了很多老砖，结果发现最早建这个地方的时候也花费了很多功夫，拆了很多其他地方的砖，拆了贝勒府、和敬公主府。很多砖也经历了一代又一代，最后变成了别的房子。

爱北京是因为这是一座包容性和文化深度兼得的城市。

▶ 回到 85 页，看看她的福福 Fufú

Céline 森林
设计师，LAVA Beijing 创意总监

我从阿姆斯特丹来到北京的这十年间，这个城市变化了很多，但我们 LAVA Beijing 的办公室却没有离开过北京的胡同。庆祝十周年时，我们重启了这个项目。

LAVA Beijing 曾在北京有过一个项目叫移动设计公司，当时我们就在街道上和店铺中免费为当地商家做标识设计，每一个人都可以在路过时观看我们工作，或者发表一些想法。我觉得人们喜欢这个项目，是因为它真正和当地社区建立起连接。

大多数时候，北京让我感到快乐。我有空就会去北京周边美丽的山区里远足，或是在护城河边和我的狗一起散步，顺便去 Self Coffee 喝一杯咖啡。另外，在宝钞胡同里的福荣记可以享用到很棒的早餐。

北京还是个很随意的城市，但这里又充满了矛盾。

TUDO
涂鸦艺术家

涂鸦艺术的侵略性很强，但这种侵略是一种手段和态度，意思是涂鸦可以很强硬地出现在一个地方，所以只要你画，这个东西就会融入你的生活里。

我画的东西是一个带笑脸的土豆，和常规的涂鸦不一样，不是字体，其中的奥妙要懂的人才能看明白，这个笑脸很形象，大家一看就明白我是想提醒看到的人开心一点。

我是北京人，但我不怎么爱北京。能爱北京的人挺不起的，首先得有大爱，得爱自己、爱整个世界，才会觉得北京可爱。

樊雨丝 & 大董
平面设计师和建筑师
哦了 Ori Sake & Food 共同主理人

拿到这个地方之后我们俩有天晚上就坐在这儿，商量了一会儿，知道这个空间要怎么做了，也就是尽量保留原貌，因为这种狭长的空间能带来在胡同巷子里吃饭的体验。

设计的尊重理念对北京这座遗产丰富的城市特别重要，因为拆掉重建不能称之为更新。

创意会让一些事情发生。开这个店不久，我已经有邻居了，因为我的朋友们把旁边的店拿下来了。创意可以推动一些事情，同时很多事情只要你去做，它就会带来一个好的际遇。

在北京常去的店有五金、大小咖啡，杨梅竹斜街也很有意思。

选择在北京生活、工作是因为在这里可以干好多奇怪的事情。在其他一线城市，想要去开一家所谓成功的被大家认可的店，一定需要符合当地的消费习惯和标准，但是在北京，我们可以去打破这种标准。

▶ 回到 35 页，看看他们的哦了 Ori Sake & Food

Liuba Vladimirova
插画家

作为已经在北京生活了 11 年的俄罗斯人,胡同依旧是我最常去的地方,请不要问我最喜欢去哪条胡同,这个问题和你最喜欢哪个孩子一样难回答。住在北京的人如何使用这座城市的空间,是比建筑和空间本身更加有趣的事情。

胡同是在变,但是如果新潮的东西不去到老城区里去,那么这些区域就会渐渐消失,创意和更新能保留住那些让北京特别的地方。

北京太丰富了,这座城市能提供这种机会,每个周末都可以去探索一个不同的、从来没去过的地方。不仅有许多古迹,去三里屯或者国贸这样的地方,也能轻易体会到都市的现代感,艺术场馆也很丰富,能做的事情太多了。更何况北京是一座被自然环绕的城市,乘地铁就可以去远足。

Potato
音乐人,DJ,买手
SAFEROOM 主理人

创意是一个城市的新陈代谢,北京的创意也许不那么年轻灵活,但更有分量,持续周期和影响也比快消式的创意更加深远。

我觉得马岩松的"墨色山水"很好。我不喜欢特别顺拐的东西,我喜欢风马牛不相及的东西,矛盾的组合才会出现让人兴奋、惊讶的一个效果。山水城市出现在朝阳公园,左右附近都是一些很传统的居民楼,这就产生了特别奇妙的化学反应。我自己办派对也喜欢这种反差。

爱北京是因为北京人在生活这件事情上更加真实,这导致大家在一起做什么都更加尽兴。

▶ 回到 58 页,看看他的 SAFE-ROOM

常小亮
自媒体人,网店店主
北京孩子主理人

作为土生土长的北京胡同人,自小就听着、说着北京话,所以当我感觉北京话在慢慢改变甚至消失时,就开始制作跟北京话有关的短视频了。但也并不是想让大家都说北京话,都喜欢北京话,我只是做我自己的事情,感兴趣的人自然会因此找来。

今年决定在胡同里开一家小酒馆,是因为我喜欢聊天,在这里可以见到真实的人。

我喜欢去很老的、完全没有被更新过的胡同里溜达溜达。还有就是北京周边的一些废墟,那些再

没人管的游乐园,有些还保留着它们之前辉煌时留下的东西,现在被弃用了。

北京是我的家乡,你得爱你的家乡,北京如果是个小城市我也会有一样的感觉。

▶ 回到 29 页,看看他的北京孩子

高雪
泠奇咖啡 CÉNCHI 主理人
公众号"行走与咖啡"主理人

给泠奇咖啡办一周年店庆的那天,夜晚人群聚拢在门头温暖的灯光下,很感人,希望 CÉNCHI 可以成为大家爱北京的一个理由。

原住民可能不在乎,但是创意和设计会把年轻人吸引过来。前段时间有一个胡同里的古建筑保护组织来讲的一句话我很认同,他说我们没办法去跟每个消费者,或者是城市里的每个人去讲每一块砖有什么样的故事,但是只要他们愿意来,他们愿意用自己的时间重新回到老城区里,我们就已经达到一部分目的了。

至今仍旧在北京生活是因为北京有那种坚硬感。相比很多东西都可控、美好的那种城市,我觉得北京还是有它残酷的一面,并且这一面让人感觉到真实。

▶ 回到 8 页,看看她的泠奇咖啡 CÉNCHI

萱萱 & HP REN
自由撰稿人，拾院主理人
独立设计师，拾院建筑师

北京的胡同、院子是这个城市珍贵的资产，它们有种千金难买的自由感，很舒适，人们在里头就会放松，也会有很多神奇的化学反应发生。但事实上，北京的胡同很难说得上是正在被改造的状态，整体状态是混乱的，未能跟上城市的发展。

我们把自家曾经有点破败的一个院子，改造成现在这个以文化艺术为核心的共享空间，想让人们在老建筑身上能看到新的生活方式。它还作为绿色中式改良古建获得了 PHI 欧洲被动房设计认证，是北京的首例。改造之前我们调研过，发现能达到同等标准的项目比想象中少，并且意识到真正有心想要去更新胡同的人，却因受到很多客观因素制约而没有发展空间，这点我们觉得很可惜。但我们有信心，觉得未来境况会有改善。

我们很喜欢跳海和挖味儿咖啡在白米斜街的店，那是我们理想中胡同空间的样子，渗透的，开放的，和所在胡同关联很深。以前常去三联的书店，也一直期盼北京能有好的社区图书馆出现，包括书店在内这种场所是能满足人们精神需求的。

北京还是包容的，有温度的。北京人和北京话也总给人亲切的感觉，和其他地方都不一样。

乂烎
独立调香师，乂烎制香 YILI Olfactory Art 创始人

北京的城市更新其实挺快的，更新之中形态也在变得单一。这可能是因为规划的意图过快了，甚至超出了周边地区自身生态的更新。我做的很多香水都是在怀念过去的感觉，也是想把时间拉慢一点，达成一种平衡。

不过在创作过程中，不会想说要用创意给北京带来什么，我觉得北京人可能都不会有这么宏伟的思路，反倒是北京给我的创作带来了很多。比如比较躺平的创作态度，这让我执念更少，也不会过度在意反馈，所以也没有什么条条框框来约束和限制我。

爱北京是因为北京人爱装又不装。比如喝完酒吹牛这事，谁不知道吹牛丢人，但大家坐下来聊天就不会把谁当成外人。其实谁也没特别在意说的内容是什么，只是坐在一块儿聊天，话别掉地上就挺开心的。

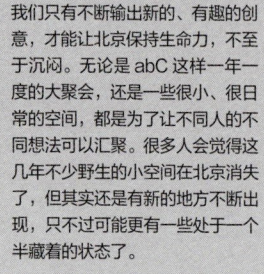

周玥
abC 艺术书展创始人
梦办 OneiroSpace 主理人

我们只有不断输出新的、有趣的创意，才能让北京保持生命力，不至于沉闷。无论是 abC 这样一年一度的大聚会，还是一些很小、很日常的空间，都是为了让不同人的不同想法可以汇聚。很多人会觉得这几年不少野生的小空间在北京消失了，但其实还是有新的地方不断出现，只不过可能更有一些处于一个半藏着的状态了。

在北京我不会有自己是异乡人的感觉，可能因为身边认识的人都是从五湖四海而来，大家在这个城市不只为了赚钱，而是认定它拥有最好的文化艺术氛围。包括 abC 如今依旧把北京看作重心，也没有改变的想法，是因为在这里哪怕一些非常生涩、严肃、奇怪或者看起来并不精致的东西，依然能遇到真正对它感兴趣的读者。我们时常会说，如果书展在北京状况都不好，还能再去哪里呢？

我觉得北京很有劲儿。虽然说是政治中心，但它仍然在生活日常中保留着一些很野、很不精致、很粗糙的地方，这很吸引我。

▶ 回到 45 页，看看她的梦办 OneiroSpace

弥生 & 大龙
媒体行业从业者和策展人
睦野画室主理人

我们是北京人，但北京对很多人来说已经不是一个故乡了。超大都市就是这样，你的童年和很多的记忆都会迅速被抹去。至今留在这里可能是有这样的一个心结，希望用自己的方式保留一些记忆，

毕竟人都有恋乡之情。

创意项目对北京的老城区来说是很好的外来视角的记录者。很多原本就生活在这些区域里的人其实是失语的，新的创意会在入驻之后引入一种视角来记录这里生活的变化，让人们对此处的历史文化走向产生好奇。

睦野画室原本只是一个小小的工作室和展厅，因为日常聚集在空间里的朋友太多，才搬到了更大的院子里。

爱北京是因为这里很大，可以特别自在地做一个小人物。

陈滚滚
MONSTERA、ISSUE.01 创始人

在北京生活了十几年，可能 20 几岁和 30 几岁看北京的角度不同了，曾经觉得北京光怪陆离，五颜六色，现在觉得北京真实沉稳，一直留在北京的原因可能也正是因为这份踏实。

我们做店的初衷也很简单，想用自己的方式和标准做些日常的东西，不用力过猛，像我们不给鲜花做过度包装，不去强调咖啡"精品"和菜品"高级"，希望通过它们本身的样貌带来最原始的美感和味道，也能多带来一些松弛感。

在北京做事情，人与人之间的关系是很简单轻松的，这也意味着遇到有趣的人就很容易碰撞出新的火花，像我们的各种店都是这

样诞生的。

北京给了我太多，现在也想通过我们这群人的小努力小坚持，给北京也带来点什么，哪怕只是多一个人爱上这里。

▶ 回到 71 页，看看他的 ISSUE.01 Espresso

Daniel
服装设计师
服装品牌 MotivMfg 创始人

2016 年，MotivMfg 在北京酒仙桥成立；2022 年，我们把工作室搬进红霞影剧院。一条主线是西装，延续了欧洲的裁缝传统，另一条主线是军装风格，全部在北京完成设计、打样和生产，标签上会写着酒仙桥的地址。

我会希望自己的设计可以投射出北京的一些特质，比如冬装会有很强的保护性，再比如会选用一些比较粗糙的工业材质。在穿上这些服装后，会发现它和酒仙桥这一带的气质很契合。还有一个小私心，因为北京并不是一个时尚品牌会受到太多支持或者说很有消费氛围的城市，我会希望 MotivMfg 能成为值得客人骄傲的北京服装品牌。

我一直说我留在北京是因为气候（哈哈）。很多人会觉得搞笑，但我个人首先确实身体不能承受潮湿，在北京时的健康状态反而更好。再者是北京会有一些极端天气，这让我的创作能量更高。因为只有强烈的刺激，才能带来精神上的振奋，潜移默化下北京的天气就嵌入了我的服装设计中。

大猴仔
音乐人，露露波乐队成员
Atlas Camp 营销主理人

我觉得依旧选择留在北京是一种很原始的驱动，但说不出来为什么。比如现在在成都出差，我跟朋友聊天，经常说的三个字就是"想北京"。而且有一件事情很巧，我妈妈经常跟我说，我小时候有一个笔记本，写着对以后的一些展望，其中一条就是长大之后要去北京。

麦子店街道是我在北京最常去的地方。因为工作的关系，朋友们居住的地方不是很集中，麦子店是所有朋友可以花同样时间到达的一个地方。我们之前还写了一首歌，叫《麦子店酒后趴趴走》。

北京有那种追梦的氛围。我离职前做一份坐班的工作，从什么歌都没有，到现在出了专辑，站在台上表演，然后进入调酒行业。相当于我离职的这些年，第一梦想和第二梦想都实现了，有什么理由不爱北京呢？

所以希望用创意给北京带来的事情就是通过自己的工作成果，消除许多人对北京的偏见，让其他城市的人看见，也有想来北京的冲动。

▶ 回到 67 页，看看他的 Atlas Camp

133

THE MOORCAST 100+
收录导览

A

ANCHORET	54
Atlas Camp	67

B

Berry Beans	93
bingoo bakery	36
Blue Onism	61
八步咖啡	94
八剑传	95
北京饭店诺金	72
北京瑰丽酒店	66
北京孩子	29
北京华尔道夫酒店	76

C

Cabana（国贸商城店）	60
Cafe by Alba	23
casa casa	63
CHOC-A-LOT	37
CHOOCHOO	5
COMEDY SHOP	20
Common Place	62
泠奇咖啡 CÉNCHI	8
蝉兮咖啡 CICADA	20
楚膳四季	70
春台 Spring Patio	79

D

DARKROOM CAFE	13
D27³	82
大小咖啡	93
打招呼的人 Greet Caffee & Bar	9
东北西·餐·酒 NORTHEAST	78
独行咖啡馆	72

F

FeelCoffee	20
Fenzi coffee shop	21
发发 fafa#	34
福福 Fufú	85

G

GALLERY WHERE	39
Gez Cafe 集思啡馆	71
观夏国子监	50

H

红星前进面包牛奶公司	37
红砖美术馆	98

I

ISSUE.01 Espresso	71

J

角巷 Alley Diagon	33
京 A Brewpub	93
京 A Taproom	66
京.YUZU	70

L

Le Seeds Coffee	83
LP Vibes Coffee	74
栗外 Chessnaught	56
另一个书屋	46
隆福 1402	12

M

MEATY BISTRO 多肉小酒馆	77
Mēr coffee	17
Muse Coffee	10
盲区 Space & Bar	30
煤球 CHARCOAL	82
没事喝点 c.a company	33
梦办 OneiroSpace	45

134

米歇尔肉店	93
姆们 M Sweetie Cake	35

N

NOLIE Taproom	30
南池子美术馆	101

O

OBST ZIMMER BY MMC	28
OONAGH Coffee & Bar	22
哦了 Ori Sake & Food	35

P

postpost	44
postpost 2.0	81
PRINCIPLE M	95
葩诺 Panorama	69
派咖啡 π COFFEE SHOP	14
璞瑄酒店	80

Q

雀食 Sparrow	39

R

Red Dot	73
RIDGE Cafe & Taproom	84

S

SAFEROOM	58
SALTY ICE PLUS cafe & bar	18
sips & lick	75
三忘湖 SWANSEEN	21
三影堂摄影艺术中心	99
散步去	94
沙沙冷萃园·胡同小驻	7
山海四合 by Jetlag Books	43
松美术馆	97

T

The Shelter	52

跳海	32

U

UCCA 尤伦斯当代艺术中心	102

V

VESPA COFFEE	18
VINVINO 萬久	95
VOYAGE COFFEE	4

W

王府半岛酒店	84
為水	16
屋里厢上海菜馆	68
午馬 UMA Coffee & Wine	6

X

席上喳喳	84
笑餐厅 the diner	36
巷舍 BELLO CASA	18

Y

Yoomo Cafe & Bar	14
耀咖啡	19
一介野生 coffee	15
颐和安缦	86
酉隐 YINTEA	38

Z

ZOODLE	76
之间 In Between	70
中古·蔷薇	15
中间美术馆	100
做書咖啡酒馆	47

#

33coffee	11
45 号狐山路咖啡	8
#fff	80

135

沙滩后街 17 号

三里屯太古里西区西侧

鼓楼

北京中央商务区

亮马河

出品
荒野气象

监制
练自强

执行编辑
孟桐竹

作者
练自强　孟桐竹　李辛夷
阎子天　岳可欣　王光泽
高怡丹

设计
李承泽

图片编辑
张紫阳

摄影
张紫阳　孟桐竹　高怡丹
阎子天　侯特　彭茉
部分照片由受访者提供

插画
梁力文　张雨荑

制片
刘雯

项目实习
王筱蔓　王思媛　戴婧
祁涵笑　范泠杉　汤雅晴

项目策划　苏晓
总　　编　朱萌
责任编辑　李偲涵
编　　辑　李潇楠　林紫秋　刘煜　叶思婧

图书在版编目（CIP）数据

北京 = THE MOORCAST CITY GUIDE：BEIJING / 荒野气象著. -- 北京：中国地图出版社，2023.8
（气象万千城市指南）
ISBN 978-7-5204-3582-6

Ⅰ.①北… Ⅱ.①荒… Ⅲ.①旅游指南 - 北京 Ⅳ.①K928.91

中国国家版本馆 CIP 数据核字 (2023) 第 133439 号

气象万千城市指南：北京
QIXIANGWANQIAN CHENGSHI ZHINAN：BEIJING
荒野气象 著

出版发行	中国地图出版社
社　　址	北京市白纸坊西街 3 号
邮　　编	100054
网　　址	www.sinomaps.com
印　　刷	北京华联印刷有限公司
成品规格	140mm×210mm
印　　张	4.75
字　　数	243 千字
版　　次	2023 年 8 月第 1 版
印　　次	2023 年 8 月北京第 1 次印刷
定　　价	88.00 元
书　　号	978-7-5204-3582-6

如发现印装质量问题，请与我社发行部（010-83543956）联系